심연의 겨울이 지나 기지개를 펴고,

봄날의 도시를 사뿐히 발서슴하다.

이스탄불에서 도쿄까지
봄이 머문 도시를 걷다

봄도시

Simon

Simon

일상과 이상을 넘나들며 여행하는 사람. 말하고 표현하기보다는 보고 듣고 경험하길 좋아하는 편. 사랑하는 이들에게 예상치 못한 기쁨과 웃음을 전하는 순간을 끊임없이 찾아간다.

그 동안 <병헤는밤>, <겨울섬>, <배낭에 면도기는 챙기지 않았다>, <떠나, 오다>를 쓰며 소소한 아름다움을 글에 담아왔다.

유독 눈이 많지 않던 겨울이 지나고 있네요.
이 글을 쓰는 오늘은 겨울의 끝에서 눈이 펑펑 내립니다.
겹겹이 적재된 겨울섬의 기억을 뒤로 한 채,
이제 우리는 봄도시로 향합니다.

움이 튼 새싹과 꽃망울이 집 앞 담벼락에 찾아온 날,
이방인의 귓가에 스치던 도시의 대화에,
가로등 불빛 밑 밤거리의 웃음소리에,
골목을 따라 흐르는 노래에 귀 기울이며,
이제 다시 봄도시로 떠나볼까요.

2025년 봄의 앞에서,
Simon

여정

봄을 기다리다, 이스탄불에서   10
마중 | 광장과 골목 | 집들이 | 도시의 일요일 |
흐린 날의 수채화 | 벽화마을 | 부촌 | 춘곤증

봄에 젖다, 도쿄에서   122
알고리즘 | 봄향 | 꿈의 등불 | 이방인 | 만화경 |
오아시스 | 깍쟁이 | 대길 | 벚꽃축제 | 페이스

봄을 기다리다,
이스탄불에서

♪

HONNE - Day 1 (2018)

Jane & The Boy - Starry Eyed (2021)

Bruno Major - Nothing (2019)

Mina Okabe - Every Second (2021)

Sasha Alex Sloan - Older (2018)

Luke Chiang - Shouldn't Be (2019)

Zach Hood - Simple Life (2024)

John Mayer - You're Gonna Live Forever in Me (2017)

마중

포드고리차에서 이스탄불로 향하는 20시 30분 비행기는 예고 없이 찾아온 기류 변화에 한참 동안 흔들렸다. 기내식으로 나온 샌드위치는 손도 댈 수 없을 정도였다. 이럴 줄 알았다면 출발 전에 독한 라키야*를 몇 잔 걸치고 비행기에서 푹 잘 걸 그랬다. 발칸의 겨울은 여전히 매서웠다.

짓궂은 두 시간의 비행 끝에, 8년 만에 다시 찾은 이스탄불은 비 내리는 쌀쌀한 날씨로 마중을 나왔다. 짐을 찾아 리무진 버스에 올라 이스탄불 탁심 광장으로 향했다.

---
*라키야(Rakija): 포도, 자두, 배 등의 과일을 재료로 한 전통 증류주

버스는 칠흑 같은 어둠이 깔린 고속도로를 무심히 달렸다. 바람과 빗줄기는 점점 거세졌고, 이미 밤 열두 시를 훌쩍 넘긴 몸은 천근만근이었다. 피로감과 안도감, 그리고 설렘이 뒤섞인 채 한 시간이 흘러 탁심 정류장에 도착.

미리 예약해 둔 작은 호텔에 체크인을 마치고 방으로 들어오니 벌써 새벽 두 시. 빠르게 따뜻한 물로 샤워를 마치고 침대에 몸을 뉘었다. 창밖으로는 늦은 시간에도 환히 빛나는 탁심 광장이 보였다. 호텔 앞 모스크의 조명은 하늘을 향해 빛을 뿜었고, 새벽에도 적지 않은 사람들이 광장을 서성이고 있었다.

불이 꺼진 방 안, 앰뷸런스의 사이렌 소리가 멀리서 적막을 깨며 희미하게 들려왔다. 유난스럽게 마중을 나온 이스탄불의 첫날 밤으로부터 느껴지는 묘한 기시감.

어쩌다 가끔은, 그런 유난스러운 밤이 반가울 때도.

♫ HONNE – Day 1

광장과 골목

　　호텔 꼭대기층에 있는 카페테리아에서 조식이 기다리고 있었다. 창밖으로는 화창하게 갠 하늘 아래 빨간 지붕의 주택들이 이스탄불 시내를 물들이고 있었다. 토마토 몇 조각과 올리브, 스크램블 에그, 따끈한 시미트* 하나를 접시에 담았다. 시미트의 쫄깃함과 고소함이 입안에서 춤을 추었다.

　　간단히 식사를 마치고 따뜻한 홍차 한 잔을 마셨다. 평소에는 멀리하던 각설탕도 하나 홍차에 퐁당 빠뜨려 휘휘 저었다. 이스탄불까지 왔다면 홍차에 각설탕 하나는 넣어줘야지- 쌉싸름하고도 달콤한 홍차가 심장 깊숙이 스며들며 이스탄불의 아침을 밝혔다.

---

*시미트(Simit): 베이글과 비슷하게 고리 모양으로 구운 튀르키예의 빵

오전에는 탁심 광장을 지나 이스티클랄 거리와 뒷골목을 가볍게 둘러보기로 했다.

♫ Jane & The Boy – Starry Eyed

광장 한가운데 우뚝 선 기념비와 웅장한 모스크를 배경으로 한 탁심 광장. 차도 없는 넓은 광장에서 사람들은 각자 누군가를 기다리고 있었다. 엄마 손을 잡고 산책 나온 아이가 아장아장 걷다가 쫓는 비둘기 무리는 광장을 종횡하며 바닥에 떨어진 빵 부스러기를 찾아 헤맸다. 광장 곳곳의 작은 노점에서 나는 군옥수수와 군밤 냄새가 아침식사로 든든히 채운 배를 다시 주리게 했다.

모든 이들의 일상이 모이는 탁심 광장에는 수많은 사람들이 모이고 흩어지며 역사를 품어왔다. 평화로워 보이는 이 곳도 때론 축제의 현장이었고, 때론 봄을 갈구하는 목소리로 가득 찼다. 광장의 역사를 오래도록 함께 했을 빨간 노면전차가 광장 한켠에서 방향을 틀며 땡땡 울리던 경적은 그렇게 마땅히 다가와야 할 봄을 향한 외침이었을지도 모를 일이었다.

전차가 출발하는 길을 따라 이스티클랄 거리로 발걸음을 옮겼다. 상인들의 호객 소리와 행인들의 대화 소리가 거리를 가득 메운 가운데, 전차는 이따금 경적을 울리며 거리를 가로질렀다. 돌길 위를 두드리던 구두 소리는 이스티클랄 거리의 심장박동과도 같았다.

거리 양옆으로 늘어선 유럽풍의 고풍스러운 건물에는 상점들과 카페들이 빼곡히 자리 잡고 있었다. 실제로 이곳은 옛날에 유럽인들이 모여 살던 거리였다고 했다. 불쑥 들어간 어떤 건물 안에는 조각상과 아치형의 문을 비롯해 곳곳에 정교한 문양들이 새겨져 있어 마치 이탈리아나 프랑스에 온 듯한 착각이 들었다.

아직은 쌀쌀한 날씨에 사람들은 외투 주머니에 손을 넣고 빠른 걸음으로 거리를 지나갔지만, 다홍색 원피스와 자색 치마는 옷 가게 앞에서 바람에 퍼르퍼르 춤을 추었고, 건물 2층 테라스 화단에서는 연지색 꽃들이 제 얼굴을 빼꼼히 내밀고 있었다.

그렇게 봄을 꾀꾀로 실어 광장으로 보내던 그 거리.

활기가 넘치던 이스티클랄 거리에서 모퉁이를 돌자, 금세 인적은 드물고 경사진 뒷골목이 나타났다. 조용한 골목 안에는 작은 호텔과 저 멀리 모스크의 미나렛*이 보였고, 때마침 아잔* 소리가 좁은 골목에 울려 퍼졌다. 집집마다 테라스에 걸린 식탁보들이 명주바람에 살랑거렸다. 창문을 열고 곧 봄을 집 안으로 들일 것만 같았다. 봄이 오면 건너편에 사는 이웃과 인사를 나누고 짧은 담소 속에서 깔깔 웃음도 터질 것이다. 다가오는 봄에는 오래된 대문 소리와 아이들이 뛰어다니는 소리가 골목에 선명하게 울려 퍼지길.

그 경사진 뒷골목을 쭉 뛰어내려온 아이들은 모퉁이에 위치한 작은 구멍가게 앞 아이스크림 냉동고에서 군침을 다시며 가장 맛있어 보이는 아이스크림 하나를 고를지도 모른다. 근처 놀이터로 곧장 뛰어가던 아이들의 모습이 사라진 무렵, 눈앞에 나타난 새로운 골목은 갤러리 그 자체였다. 보도로 성큼 나와 있던 누군가의 그림들과 오래된 책들, 나무 상자에 가득 담긴 빛바랜 LP판들, 각선미를 뽐내던 의자들까지. 다소 정답고 온기 어린 골목의 광경들이 봄을 가리키고 있었다. 골목이 모여 거리를 만들고, 거리가 모여 광장을 이루는 여정을 따라 도시에 봄도 성큼 다가오고 있었다.

---

*미나렛(Minaret): 이슬람 사원인 모스크에 부속된 뾰족한 탑
*아잔(Adhan): 이슬람교에서 신도들에게 예배시간을 알리는 소리

정오 즈음부터 탁심 광장에서 열리던 작은 축제와 이스티클랄 거리 상점들이 봄을 극진히 맞이하는 가운데, 뒷골목 한켠에서 빈 요거트 통에 담긴 물을 마시고 있던 작은 고양이 하나. 목을 충분히 축인 고양이는 이내 작은 구멍가게 앞 양지바른 따뜻한 바닥에 배를 깔고 누웠다.

꾸벅꾸벅 졸던 고양이는 알았을까, 기다려온 소중한 봄이라 해도 꼭 악지를 피워 맞이할 필요는 없다는 것을.

집들이

C는 이스탄불에 오면 꼭 자신의 집에서 머물라고 했다. 하지만 일요일을 제외하고는 모두 일하는 그를 방해하고 싶지 않아 토요일과 일요일 이틀 밤만 신세를 지겠다고 했다. 마침 그는 얼마 전 새 아파트로 이사한 참이었다.

그의 새 집은 넓디넓은 보스포루스 해협을 건넌 아시아 지구, 카디쾨이에 있었다. 지하철로는 갈 수 없어 거대한 캐리어 가방과 배낭과 나의 몸뚱아리를 작은 돌무쉬*에 우겨넣고 출발했다. 다리를 펴거나 고개를 들 수 없을 정도로 사람들로 왁실덕실한 돌무쉬는 이스탄불의 갑갑한 시내 도로를 지나 보스포루스 해협을 건넜다.

---

*돌무쉬(Minaret): 목적지가 같은 승객들이 택시비를 나눠내는 일종의 승합 택시.

한 시간쯤 지났을까, 미리 돌무쉬 기사에게 내릴 곳을 이야기해둔 덕에 기사와 다른 손님들의 도움으로 무사히 내렸다. 저린 다리와 뻐근한 허리에 곡소리가 절로 나왔다.

C를 만나려면 아직 시간이 남아 있어서, 카페가 하나쯤 있을 것 같던 조용한 골목길로 들어섰다. 낮지 않던 건물들에 햇볕은 속수무책으로 가로막혀 좁고 복잡한 골목길은 그늘에 잠겨 있었다. 굳게 닫힌 건물 셔터마다 서슬 퍼런 그래피티가 가득했다. 백주에 엄한 골목길을 들어왔나, 경계심 가득한 길고양이처럼 슬금슬금 걸으며 주위를 살피던 중, 핑크빛 차양 아래 신묘한 분위기를 풍기던 한 가게.

그 곳에는 온갖 종류의 음료 병들이 지천에 널려 있었다. 홀로 심심히 일하던 직원은 이 곳이 소다 가게라고 소개했다. 한 켠에 있던 냉장고에는 줄마다 각기 다른 소다들이 진열되어 있었다. 차양 색을 따라 핑크색 소다를 골라 한 모금 마시니 잔뜩 성이 올랐던 갈증이 싹 해소되었다. 무심코 뱉은 안도의 한숨에 가게 안 앵무새가 푸드덕댔다. 뉘엿뉘엿 노을빛이 그제야 가게 앞 좁은 골목길을 환히 비추며 내 오른쪽 관자놀이를 간질였다.

잔잔한 음악이 흐르던 그 가게에서 어느새 꾸벅꾸벅 졸고 있었다. 앵무새는 주인이 천장 곳곳에 달아놓은 횟대를 가끔씩 오가며 봄볕에 한껏 늘어져 있는 손님과 직원을 힐끗댔다. 가게의 유일한 손님도, 홀로 가게를 지키는 직원도, 앵무새도 모두 제자리에서 골목길에 드는 봄볕을 조용히 쬐고 있었다.

🎵 Bruno Major - Nothing

　　그렇게 느긋하게 쉬다가 시간이 되어 가게를 나서며 직원에게 짧은 인사를 건넸고 직원도 작은 미소로 화답했다. 누구의 노력도 없이 편안한 오후를 보낼 수 있어서 다행.

　　얼마 지나 근처로 데리러 나온 C와 만났다. 이게 얼마 만이냐, 오는 데 불편한 건 없었냐, 피곤하진 않냐, 먹고 싶은 것이 있냐, 내일 가고 싶은 곳이 있냐 지극 정성이었던 C의 물음들. 그러게 우리 저번에 서울에서 보고 한 3년 되었나, 불편하고 피곤한 거 없어 괜찮아, 나는 다 잘 먹어, 너가 보여주고 싶은 데 있음 따라가지 뭐- 느긋하게 자신의 높은 호환성을 드러내는 대답들.

그는 근처 식료품 가게 앞에 잠시 차를 댔다. 그날 저녁에는 그의 집에서 그의 친구들과 작은 파티를 열기로 했고, 이것저것 장을 보기로 했다. 반찬 가게처럼 보이던 그곳에는 처음 보는 음식들이 큰 그릇들에 담겨 있었다.

- 요, 궁금한 거 물어봐. 알려줄게.

과연 집에 초대받는 어떤 손님이 식탁에 오를 음식 하나하나를 궁금해할까. 그래도 무엇인지 알 것 같던 요거트에 버무려진 파스타 하나만을 골랐고, 나머지 선택은 그에게 과감히 넘겼다. 그는 음식을 고르며 하나하나 설명해주었다. 봄이 오니 이것을 먹어야 해- 우리 부모님이 어렸을 때 자주 해주던 음식이야 나는 이걸 좋아해- 너는 이걸 좋아할 것 같다- 그리고 이어 뒤따라오는 맛있겠다- 처음인데 기대된다- 느긋한 손님의 무탈한 반응들. 소시지들과 치즈들도 실컷 고르고, 마지막으로 카트에 병맥주를 한가득 채웠다.

두루마리처럼 길게 뻗은 영수증과 두 손 가득한 두툼한 장바구니는 이 도시의 밤을 넉넉히 채울 우정이고 사랑이었다.

그의 집은 높은 아파트에 있었다. 집에 들어와 장을 봐온 것들을 커다란 식탁 위에 올려두었다. 음식 준비를 같이 도우려는데, 그가 막아섰다.

- 너는 내 손님이니까 편하게 있어.

그리고는 그의 침실로 쫓겨났다. 짐도 풀고, 샤워도 하고, 옷도 편하게 갈아입으라 했다. 세탁기에 돌릴 옷이 있다면 따로 빼놓으라 했다. 세 사람은 족히 누울 수 있을 것 같은 커다란 침대와 포근해 보이는 두툼한 이불이 눈에 들어왔다. 개운하게 샤워를 마치고, 편한 옷으로 갈아입었다.

그럼에도 파티 준비를 돕겠다고 서둘러 샤워를 끝냈지만, 이미 테이블에는 음식들이 한가득 준비되어 있었다. 과자들과 아까 사온 소시지 그리고 치즈, 그의 집에 있던 올리브와 견과류. 준비할 것도 많이 없어- 중간에 부족하면 배달시키면 돼- 뚝딱 완성된 파티 테이블. 냉장고에서 맥주 두 병을 꺼내며 잔뜩 신이 난 그가 외쳤다.

- 하하, 파티는 이제 시작이야. Cheers!

밤 여덟 시부터 차례차례 울리던 초인종 소리에 그의 거실은 금세 그의 친구들로 가득 찼다. 그들과 인사하며 생전 처음 들어보는 튀르키예 이름들을 되뇌었다. 영화 <기생충>을 몇 번이고 돌려봤다는 친구, 나중에 꼭 서울에 가보고 싶다며 한국 사람을 무척 반가워하던 친구, 갑자기 강남 스타일을 틀고 함께 춤을 추자던 친구. 온종일 봄볕에 느긋하던 손님은 그렇게 봄날의 햇살처럼 따뜻한 그들의 환대에 푹 빠져들었다.

환기를 시키려 살짝 열어둔 거실 창문 틈 사이로 새어 나간 그 날 밤의 온기는 아파트 앞 골목길 바닥에 잔잔히 스며들었을까, 골목 건너편에서 개 한 마리가 온기 어린 인기척을 느꼈는지 컹컹 짖던 밤이었다.

도시의 일요일

지난 밤 자정을 못 넘기고 방으로 들어와 침대에서 골아떨어진 것 같다. 커튼을 닫지 못하고 잠든 침대맡에 햇살이 쏟아지는 아침, 떠진 눈을 비비며 창문을 열었다. 작은 새들만 지저귀는 평화로운 도시 어느 골목의 아침. 히터를 약하게 틀고 잤지만 아침 공기가 아직도 겨울의 맛이다.

졸음을 떨치려 따뜻한 물줄기 아래로 몸을 맡겼다. 찬물이 어깨를 스칠 때마다 몸서리가 치며 살갗에 소름이 일었다. 수건으로 물기를 닦고 침대 위에 누워 핸드폰을 만지작거리다가 슬그머니 방문을 나섰다.

거실 소파에 웅크린 C가 문 소리에 눈을 떴다. 잠에서 막 깬 목소리로 서로의 안부를 확인한 뒤, 밤새 흘린 추억의 파편들을 주워 담았다. 맥주병에 반쯤 남은 맥주를 싱크대에 버리면서 속이 더 쓰린 것만 같다.

기억에는 없지만 어제 본 친구 둘과 아침을 먹기로 했단다. 외출할 채비를 마친 후 그의 차에 올라 미로와도 같던 골목들을 순식간에 지나 이내 광활한 고속도로에 접어들었다. 역시 대도시답게 일요일 아침부터 많은 차들이 저마다의 목적지를 향해 가고 있었다. 교통량은 많았지만 평일과는 달리 교통체증은 없이 시원하게 달릴 수 있었다. 적당히 빠른 속도로 보스포루스 대교를 지나는 동안 창문을 열고 푸른 바다를 향해 지난 밤의 숙취를 날려보냈다.

도착한 곳은 니샨타쉬라는 곳이었다. 심심치 않게 보였던 값비싼 차들, 드문드문 보이는 샤넬, 루이비통, 구찌 매장들, 강아지와 산책을 하는 남자, 누군가와 전화를 하며 걸어가던 화려한 모피 코트를 입은 여자, 그리고 무척 강하게 코끝에 닿던 스치는 사람들의 서로 다른 향수 냄새까지 – 봄이 내린 도시의 중심에 모여 뽐내던 그 모든 자아들.

예약한 식당은 현지식 아침식사인 카흐발트*를 전문으로 하는 곳이었다. 꽤 유명한 식당인지 대기하는 사람들도 있었다. 준비된 테이블에 앉아 식사가 나오기를 기다렸다. 식당 곳곳에 놓인 녹색 식물들과, 시선을 끄는 분홍빛 꽃들 덕에 마냥 정원에서 식사를 하는 듯 했다. 테이블마다 빼곡히 앉아 담소를 나누며 식사를 즐기는 모습은, 강남의 어느 브런치 카페에서 마주했던 낯익은 풍경이었다. 그리고 그 풍경 속 낯선 공간과 낯선 사람들.

산뜻한 민트색 식탁보에 차 한 잔이 먼저 올려진 후, 채소와 과일, 치즈를 잔뜩 얹은 크고 기다란 나무쟁반이 테이블 중앙에 놓였다. 토마토, 당근, 오이, 고수, 고추 – 농장에서 지금 갓 따온 듯한 출연진. 그리고 납작한 냄비에 잘 끓여낸 메네멘*, 가게에서 직접 반죽하고 튀겨냈다는 빵, 윤기가 흐르는 올리브, 끝으로 앞치마를 두른 직원이 커다란 소쿠리에 들고 오는 서른 여섯 가지의 수제 잼과 꿀까지. 왕의 아침식사라 불릴 만했다.

도시의 풍요가 식탁에 오롯이 내려앉은 일요일 아침, 풍요의 시간은 유리병 속 꿀처럼 진득이 흘렀다.

---
*카흐발트(Kahvalt): 튀르키예 전통 아침 식사 한 차림.
*메네멘(Menemen): 달걀, 양파, 토마토 등에 향신료가 들어간 전통적인 튀르키예 요리.

식사를 마치고 볕이 좋아서 근처에 있는 공원을 걸었다. 노인의 손가락이 책 페이지를 스치는 소리와 아이들의 웃음이 바람에 실려 흐르던 일요일 오후.

- 저기 봐, 이 공원 유명인사야.

고개를 돌려보니 잔디밭 곳곳에 몇 마리인지 셀 수 없을 정도로 수많은 고양이들이 있었다. 사람들을 경계하지도 않고 한 녀석은 계단에 발라당 누워있고, 다른 한 녀석은 제 손으로 꼼꼼히 세수를 했다.

- 그래서 이 공원의 별명이 '고양이 공원'이야.

오래된 습관이라도 되는 듯 사람들은 고양이 옆자리를 조용히 내어주며 턱 아래를 문질러 주었다. 무심코 던진 먹잇감 대신, 공원 벽면에 매달린 고양이 얼굴 모양의 사료통이 그들의 배를 채우고 있었다. 한 노인은 자신의 빗으로 고양이의 등을 부드럽게 쓸고 있었다. 느긋한 고양이의 등 위로 나긋한 노인의 손길 – 누구나 찾아올 수 있는 공원에서 누구에게나 찾아오지 않는 교감이 피어나던 순간.

날이 춥지 않아 전망이 좋은 노천 카페 하나를 찾았다. 해협을 품은 돌마바흐체 궁전의 대리석 계단 아래 자리한 그 카페로 발걸음을 옮겼다.

주문한 튀르키예식 커피는 보글보글 끓다가 이내 잠잠해졌다. 진득한 질감이 독특했던 커피를 다 마시자 친구가 잔을 거꾸로 엎어보라 권했다 - 잔에 남은 커피의 모양으로 점을 봐주겠다며. 평온하던 마음이 움찔하며 알 수 없는 긴장감이 밀려왔다. 잔 속에 흩어진 혼돈의 커피 가루들을 한참을 살피던 그는 '태양'을 찾아냈다 - 새로운 기회가 곧 찾아올 것이라는 좋은 점괘도 덧붙여서. 가볍게 지나칠 점괘임에도 안도감이 드는 걸 보니 나도 참 말랑하기 짝이 없다.

갈매기들이 하늘에 수를 놓듯 유영하는 동안, 어느새 저무는 해거름이 바다 위에 윤슬을 빚었다. 배의 경적소리가 광활한 바다에 느루 울려 퍼졌다. 두 볼을 스치는 바닷바람과 그윽한 노을에 우릿해지던 가슴. 화창했던 도시의 일요일도 어느덧 해질녘의 노을이 물들어가고 있었다.

♫ Mina Okabe – Every Second

두 친구는 슬슬 일어나봐야 할 것 같다며 나중에 또 어디선가 보자고 작별인사를 나눴다. 도로가 많이 막힐 시간이라 C와는 근처에서 조금 더 시간을 보내고 가야 했다. 귀가도 이토록 자유롭게 허락되지 않는 건 어쩌면 대도시에 발 딛은 대가였을까.

저녁까지 시간을 보낼 겸 오르타쾨이로 이동했다. 먹자골목과도 같던 오르타쾨이 번화가에 퍼지던 맛있는 냄새. 그는 내 손에 이 곳의 명물이라는 쿰피르를 쥐어줬다. 껍질째 구운 감자에 옥수수, 올리브, 소시지 등 각종 토핑이 들어가 간식으로 제격이었다. 토핑과 소스가 손에 흐를까 조심조심 한 입씩 베어물며 거리 끝에 다다랐다.

거리의 끝에 펼쳐진 바다 위엔 커다란 보스포루스 다리가 서 있고, 모스크 한 채는 그 바다를 마주하며 우뚝 서 있었다. 어느덧 석양이 지평선 너머로 사라지고, 저 멀리 희끗희끗한 까치놀은 눈부시게 아름다운 빛을 뿜어냈다.

느슨히 이어진 도시 속 하루의 끝에 아쉬움이란 단 한 조각도 없었다. 다가올 내일도 이리 느슨할 수 있다면.

흐린 날의 수채화

　　　　　C의 호의로 그의 집에서 하루를 더 묵기로 했다. 월요일이 문턱을 넘어 그를 일상으로 다시 불러냈기에, 나는 홀로 해질녘까지는 발걸음이 이끄는 대로, 혼자만의 지도에 새겨질 길을 찾아 나섰다.

　　　　　구글 맵을 켜고 산책할 만한 곳을 찾다가 어제의 기억이 시선을 스치는 모다라는 곳이 눈에 밟혔다. 지도 위 모다는 바닷가를 끼고 그 앞으로 공원이 넓게 펼쳐진 채, 카페도 듬성듬성 보였다. 마르마라이 열차를 타고 한 정거장을 건너 공원을 가로지르니, 그 발걸음 끝엔 모다가 있었다.

학생 몇 명이 오전부터 농구에 열중이었던 공원을 지나 막다른 골목길의 끝에 드디어 바다가 보이기 시작했다. 이 도시의 바닷가들은 언제나 군중의 숨결로 뜨거웠지만, 이곳은 깨어난 듯 잠든 해변 - 그 자체였다. 잿빛 구름이 드넓게 흩뿌려진 흐린 하늘 아래 호기심 가득하던 여행자의 발걸음도 한결 차분해졌다.

바다에서 가장 가까운 벤치에 앉아 주머니에 하나 남아있던 껌을 씹었다. 수많은 물결들이 일렁이는 가운데 고양이 두 마리가 제각각 자리를 잡은 바위들 사이의 틈으로 바람을 타고 철썩이던 마르마라해의 파도는 바위를 지나 나의 눈동자에 다다랐다. 가슴 속 어딘가에 잔존해 있었을 겨울의 재도 그 파도에 쓸려 나갔을 것만 같다. 너도 나도 살을 부대끼고 잔뜩 뒤엉켜 있는 도시에서 무척이나 귀하게 느껴지던 바닷가 앞 텅 빈 벤치를 마음 속에도 하나 품어본다.

🎵 Sasha Alex Sloan - Older

쓸쓸하지만 시야를 가리는 철조망 하나 없이 자유롭던 그 벤치 위에 때론 고양이 한 마리 살포시 앉다 갔으면.

수변공원의 끝자락에서 마을로 빨려 들어가는 골목길, 그 안개 속으로 앙증맞은 트램 한 대가 전선을 머리에 이고 나타났다. 단선 철로는 경사진 마을을 시계추처럼 한 방향으로만 휘감았다.

지도에 당당히 표시된 정류장은 현실에선 유령처럼 사라져 있었다. 멀뚱거리다가 두세 사람이 저 편에 모여 서 있는 것을 발견하곤 눈치껏 그들과 함께 트램을 기다렸다. 때마침 땅땅거리며 반대편 골목에서 들어오는 트램에 몸을 실었다. 그 뒷꽁무니로 자동차 한 대가 붙었으나 경적 하나 울리지 않고 트램이 출발하기를 기다렸다.

운전석 뒤에 서서 그의 어깨 너머로 펼쳐진 모다의 풍경은 살아 숨쉬는 그림이었다. 노천카페에서 예쁜 체크무늬 식탁보 위로 작은 꽃이 담긴 꽃병을 두고 대화를 나누는 사람들, 싱싱한 갖가지 채소와 과일, 특히 탐스럽도록 빨갛고 큰 석류들이 야외에 진열된 상점까지.

정겹던 골목길을 지나고 종점으로 향하는 모퉁이를 도니 다시 푸른 마르마라해의 숨결이 콧등을 적셨다.

　　　　그 날은 유독 구름으로 잔뜩 흐려진 마르마라해가 눈에 밟혔다. 바다 너머 유럽 지구에 흐릿하게 보이는 모스크와 주택들, 바다를 항해하고 있거나 항구에 정박한 배들, 유유히 날고 있는 갈매기들은 무채색의 중후한 수채화였다.

　　　　또 다른 바다 풍경을 보기 위해 위스퀴다르로 이동했다. 아까 한적하던 모다와는 달리 위스퀴다르 쪽은 사람이 제법 북적였고, 물고기가 많이 잡히는 곳인지 유독 낚시를 하는 사람들도, 갈매기도 많았다. 바닷가 옆 보도를 따라 걷다가 항구 근처 노천카페에 앉아 따뜻한 차를 한 잔 마셨다. 바닷바람에 실려온 살짝 비릿한 짠내에 지난 날 이스탄불의 기억 한 줌이 각설탕처럼 차에 퐁당 빠져 녹아든다. 유람선 위에서 황금빛으로 가득했던 보스포루스의 저녁 황홀경에 흠뻑 빠졌던 그 날의 기억.

　　　　그러한 감동의 역사는 똑같이 되풀이하려 하면 외려 그 빛을 잃고 시들해지는 법. 황금빛이 도시를 밝히는 밤이 오기 전 유람선 대신 연락선을 택해 바다 건너 에미뇌뉴에 갔다 돌아오는 길, 바다 위 나 홀로 떠 있던 '처녀의 탑'은 아직 불을 켜지 않고 잠든 듯 했다.

그 날 저녁 C의 집 근처 펍에서 저녁식사에 맥주 한 잔을 곁들이며 하루동안 무엇을 했는지 물어온 그에게 바다를 구경하며 이곳저곳을 나지막이 산책했다고 했다. 그렇게 덤덤하기 짝이 없던 무채색의 그림들이 내 주위를 맴돌던 이스탄불의 어느 보통날.

벽화마을

이른 아침부터 C와 나는 그의 병원에 예약된 손님이 있어 부지런히 나갈 채비를 해야 했다. 병원까지의 거리는 멀지 않지만 툭하면 시작되는 도로 포장공사는 답답함을 더했고, 아침마다 이어지는 출근길의 혼잡함은 도시에 사는 그의 고질적인 골칫거리였다.

- 남은 여행도 마무리 잘 하고, 또 보자고!

1분 1초가 아까운 출근 시간에 기여이 나를 전철역에 내려주던 그였다. 마침 사람들로 가득 찬 열차가 역을 떠나고 있었다.

남은 이스탄불의 밤들은 탁심 광장에 있는 한 한인 민박에서 묵기로 했다. 예전 민박 사장님이 차려주는 한식 아침식사와 저녁마다 응접실에서 다른 손님들과 맥주캔을 부딪치며 함께 나누던 대화들 – 예전의 그 추억들이 이번에도 또 내게 다가올까.

　　　민박에 도착하여 사장님과 만나 방을 안내받았다. 2인실을 예약했는데, 묵는 이틀 동안은 혼자 쓸 수 있으니 편하게 지내라고 했다. 오늘 이 민박에 묵는 이도 나 하나라나. 함박웃음과 시끌벅적한 저녁의 대화소리는 아쉽게도 안녕.

　　　샤워를 하고 잠시 침대에 누웠다. 그러고보니 이스탄불에 와서 발걸음은 쉼 없이 도시의 맥박을 쫓았지만, 진정한 휴식은 창백한 기억 속 유령처럼 희미했다. 커다란 도시를 걸으며 보게 되는 다양한 모습에 발길이 바빠지고 꼬리에 꼬리를 무는 탐험에 가슴이 부풀어오르기 일쑤였다.

　　　창문을 열자, 갠 하늘 아래 지한기르의 골목에서 자전거의 따르릉 소리와 사람들의 웃음 소리가 들려왔다. 얼마쯤 지났을까, 새근거리던 제 숨소리에 잠에서 깼다.

이스탄불은 처음이 아니라고 말하자, 민박 사장님은 '발랏'이라는 동네를 추천해 주었다. 지한기르에서 갈라타 다리를 건너 바다를 따라 북쪽으로 가니, 발랏에 도착했다.

　　　단정하고 점잖은 지한기르와는 달리, 발랏의 첫인상은 포탄을 맞은 듯 삭아 벗겨진 외벽의 집들이 종이 한 장 끼워 넣을 틈도 없이 빽빽이 붙어 있었고, 일부 건물은 약간 기울어져 위태롭게 보였다. 동네 입구의 안내판을 보고, 이 곳이 과거 유대인들이 거주했던 부유한 동네였으나 대지진으로 폐허가 되었고, 이후 복원되었다는 사실을 알게 되었다.

　　　지진으로 순식간에 암흑에 잠겼던 발랏에 다시 불을 밝힌 것은 다름 아닌 '색깔'이었다. 팬톤의 컬러 팔레트를 그대로 가져온 듯, 빨강, 분홍, 보라가 아닌 마젠타, 로즈, 아이리스처럼 봄꽃의 이름이 어울릴 법한 색들로 집 외벽을 단정히 다시 칠했다. 골목을 스치는 산들바람에 튀르키예 국기와 테라스에 널린 빨래들이 찰랑거리며 생기를 더했다. 그렇게 발랏 사람들은 흉터 위에 봄꽃의 색을 덧입히고, 봄바람에 나부끼는 식탁보와 함께 어둠을 걷어냈나 보다.

발랏의 골목을 배회하다가 소문으로만 듣던 홍합밥, 현지어로 '미디에 돌마'를 파는 노점을 발견했다. 홍합을 반으로 갈라 양념한 밥을 채운 뒤, 커다란 양푼에 가득 담아 푹 쪄내는데, 손님에게는 상인이 직접 하나씩 홍합 껍질을 까고 밥 위에 생레몬즙을 짜서 내준다. 시큼한 레몬즙이 짭조름한 홍합과 밥을 감싸는 것이 산뜻한 맛이었다. 언어는 통하지 않지만, 만족의 뜻으로 연거푸 엄지척을 보냈다.

홍합밥 하나를 먹고 있으면 상인은 어느새 다음 건낼 홍합밥을 준비하고 있었다. 비워진 홍합껍질은 곧장 쓰레기통으로 들어가고, 상인의 빠른 손놀림에 휘말리다 보면 몇 개를 먹었는지도 모를 지경이었다. 다행히 또 다른 손님이 등장해 이제 그만 괜찮다고 말하며 가까스로 홍합밥의 다발에서 벗어날 수 있었다.

어색한 긴장감 속에서 상인이 내 표정을 살피며 다음 홍합밥을 건네려는 그 순간, 상인과 나 사이의 무언의 눈치 싸움은 묘하게 싫지 않았다. 그런 작은 골목의 즐거움 속에서, 마치 다음 수를 읽은 듯 씨익 웃는 상인의 미소처럼 발랏에도 곧 익살스러운 봄이 찾아오길 바랬다.

한 편의 역사처럼 줄지어 있던 서로 다른 찻잔들과,
고풍스러운 탁자 위에 놓인 라넌큘러스 한 송이.

봄에만 열리는 비밀의 정원 같던 그 찻집은
나를 반기던 이름 모를 튀르키예 할머니댁이었을까.

대문 앞 '개조심',

전봇대에 붙여진 '고양이를 찾습니다'.

개조심 팻말 앞 대문 앞을 조심스레 지나고,

포스터 속 고양이는 제 집으로 잘 돌아갔는지 살피던

미로와도 같던 골목 안의 이방인.

　　　　발랏의 골목 곳곳에는 형형색색 벽화들이 사람들을 반겼다. 강렬하면서도 생동감 있는 색감은 마치 미술관에 온 듯한 착각을 불러일으켰다. 페인트가 다 벗겨지고 창문의 쇠창살에 녹이 낀 낡은 건물에서는, 벽화로 탄생한 익살스러운 삐에로가 카페 손님들을 빤히 쳐다보고 있었다. 벽화는 혹여 잊히지 않는 지난날의 아픔을 겸허히 받아들이고 승화하려 덧댄 문신이었나.

♫ Luke Chaing – Shouldn't Be

　　　　벽화가 그려진 골목 주변에는 작은 카페들이 옹기종기 모여 있었고, 노천 테이블에서는 사람들이 여유로운 오후를 즐기고 있었다. 관광객으로 보이는 한 무리는 벽화를 배경 삼아 사진 찍기에 열중하고 있었다.

　　　　그러나 인적이 드문 뒷골목으로 들어서자 동전 한 닢만 달라고 다가온 어린아이는 무슨 연유에서인지 벽화가 그려진 카페 거리에는 얼씬도 하지 못하는 듯 했다. 이방인들의 시선을 사로잡던 알록달록한 벽화는 정작 그 곳에서 뛰어놀고 싶은 그 아이를 뒷골목으로 밀어내 숨겨버린 것일까.

숙소로 돌아가기 위해 내려온 버스 정류장 앞에 있던 정교회. 버스를 기다리는 동안 교회 안을 둘러보았다. 2층으로 올라가는 어두운 계단에는 스테인드글라스를 통해 들어온 한 줄기 빛이 드리워져 있었다. 아까 골목에서 남루한 차림으로 손을 내밀던 아이가 떠오르며 씁쓸해진 마음이 조금은 누그러지는 듯 했다. 그래도 적적한 어둠 속에서도 밝은 날은 온다고, 무책임한 희망이나마 그에게 전가하던 어느 흐린 봄날의 여행자.

부촌

　　개는가 싶던 날씨는 하루를 지나 다시 흐려졌고, 간혹 빗방울이 떨어지기도 했다. 숙소 앞 작은 카페에서 따뜻한 커피를 마신 뒤 길을 떠났다.

　　목적지는 마르마라 해협을 낀 한적한 동네, '베벡'이었다. 전철 종점에 내려 지도를 따라 골목을 걸으며 마을로 내려가자, 뒤편으로 조금씩 모습을 드러내는 바다가 눈에 들어왔다. 골목에 깔린 대리석 계단은 내린 비에 촉촉하게 젖어 반짝이고 있었다.

검푸른 바다 위로 짙은 먹구름 사이를 뚫고 햇볕이 손을 뻗어 간신히 수면에 닿았다. 희미하게 반짝이는 바다 위에 떠 있는 낚시찌들은 낚시꾼들의 바람이었고, 다 쓴 페인트통을 살림통 삼아 담긴 고기들은 오늘 누릴 수 있는 그들의 작은 행복이었겠다.

　　　튀르키예 국기가 탑 위에서 용맹히 나부끼던 루멜리 요새를 지나면 , 바닷가를 향해 지어진 중후한 저택들과 부두에 정박한 요트들이 눈에 들어왔다. 고결한 품위가 느껴지는 베벡이었다. 살아가는 방식은 제각각이라지만, 곳간이 두둑하면 누구나 쉽게 찾아오기 어려운 요새 같은 비밀스러운 터에서 탁 트인 전경을 즐길 수 있는 저택과, 나만의 품질 좋은 시간을 보낼 수 있는 고급차와 요트를 갖고 싶어 하는 마음은 국적을 초월한 공통된 욕망인가 보다.

　　　때마침 정박해 있던 요트에 시동이 걸렸다. 한 선원이 계류장에 묶인 로프를 풀자, 요트는 서서히 바다로 나아갔다. 도심에서 자신의 집 앞 넓은 바다까지 제 힘으로 다다를 수 있는 그들이 부러웠다. 도시에 사는 인간이라면 어쩔 수 없이 맞닥뜨리는 비교와 선망 때문일까.

세계에서 손꼽히는 아름다운 스타벅스 중 하나가 베벡에 있었다. 해안가 산책로에서 바라보는 것만으로도 충분할 듯했지만, 찬 바닷바람에 몸을 녹일 겸 대체 얼마나 특별한지 궁금해졌다. 그때 마침 배가 고팠던 건 점심때가 되었기 때문이었을까, 진열된 빵들이 유난히 먹음직스러워 보였기 때문이었을까, 아니면 부유한 동네를 둘러보며 어딘지 모를 나의 부족함을 느낀 탓이었을까.

아몬드가 잔뜩 박힌 스콘과 커피 한 잔을 주문하고, 겨우 하나 남은 2층 창가 자리에 앉았다. 와그득 씹히는 아몬드의 고소함에 문득 생각이 들었다 - 배고픈 지금 이 순간, 이 스콘이야말로 요트보다 더 으뜸이 아닐까.

겉보기엔 훌륭해 보였던 스타벅스의 테라스 뷰는 산책로의 벤치를 능가하지 못했다. 한적하던 산책로와는 달리, 테라스에는 사람들의 대화 소리와 볼륨을 한껏 높인 음악 소리가 귀를 찌르듯 날카롭게 들려왔다. 머리가 지끈거려 버스가 오기까지 시간이 남았음에도 오래 머물지 못하고 금세 그곳을 떠났다. 베벡 포구 앞 공원에서 버스를 기다리는 동안 는개가 어깨를 촉촉히 적셨다.

숙소로 돌아가는 길에 돌마바흐체 궁전이 있었다. 이스탄불의 유명한 관광지이지만 지난 여행에서는 일정이 맞지 않아 둘러보지 못했기에 이번이 좋은 기회였다.

　　　'돌마바흐체'라는 이름은 '가득 찬 정원'을 뜻한다고 한다. 프랑스 베르사유 궁전에 영감을 받아 지어진 만큼, 웅장함과 화려함의 극치를 보여주었다. 궁전 내 셀 수 없이 많은 방들과 자로 잰 듯 반듯하게 정렬된 조경, 전 세계에서 가장 크다는 크리스탈 샹들리에까지, 모든 것이 압도적이었다. 실내에서는 사진 촬영이 금지되어 있었는데, 오히려 덕분에 방과 전시품 하나하나에 온전히 집중할 수 있었다. 궁전 안을 가득 채운 '부와 권위'의 정원은 그야말로 압도적이었다. 예나 지금이나 누군가의 일생이 이토록 호화로울 수 있다는 사실이 새삼스럽게 다가왔다.

　　　문득 밤하늘을 가득 메운 한강 변 고급 아파트의 마천루가 떠올랐다. 도시 한복판에 우뚝 서서 사람들의 부러움을 사는 궁전과 아파트. 저 곳에서 바라보는 세상은 어떤 모습일까 - 선망과 체념 사이에서 갈팡질팡하는 마음은 이내 공허한 거리*가 되어버렸다.

---

*이택민 - <공허 한 거리(2023)> 에서 영감을 받아

여우는 자기 키보다 높이 달린 포도를 탐하지 않았다. 이 넓은 도시에 달린 수없이 많은 탐스러운 과일들 중, 내가 진정으로 원하는 과일은 무엇인가.

그날 밤, 숙소 근처 펍에서 마신 맥주 한 잔에서 나던 강렬한 시트러스향은 밤새도록 입 안에 은은하게 맴돌았다. 결국 오늘 내가 진정으로 원했던 건 바로 이 향긋한 한 잔.

♪ Zach Hood – Simple Life

춘곤증

멀리 나가지 않고 숙소 근처에서 쉬기로 한 이스탄불의 마지막 날. 전날 아침에 들렀던 카페에는 오늘도 같은 점원이 있었다. 점원은 나를 알아본 듯 한쪽 입가에 슬며시 미소를 지었다. 희미하게 피아노 재즈곡이 흐르던 카페에는 손님이 노인 하나와 나뿐이었다.

노인은 아직 잠이 덜 깬 듯 이따금 크게 하품을 했다. 하품은 전염된다고 하던가, 슬그머니 카페 안으로 들어와 테이블 위에 배를 깔고 웅크리고 있던 고양이도 하암- 나도 기지개를 펴면서 하암-

느지막이 카라쾨이의 좁은 골목길을 따라 걸었다. 오래된 건물 사이로 세련된 카페와 갤러리가 어우러져 있었다. 빈티지 가구와 덩굴 식물로 꾸며진 야외 테라스는 봄날의 여유를 만끽하기에 완벽해 보였다. 부쩍 따뜻해진 날씨에, 얕은 구름이 흩뿌려진 허여멀건한 하늘 사이로 햇볕이 포슬거리며 관자놀이를 간질이니 눈이 절로 감기고, 마치 온수를 잔뜩 받은 욕조에 몸을 담근 듯 온몸이 이완되었다.

담장 위에서 꾸벅꾸벅 졸고 있는 고양이 옆 벤치에 앉아, 나도 선글라스로 눈을 가린 채 잠시 눈을 감았다. 두런두런 이어지는 사람들의 대화 소리에 섞여 나 홀로 멍때리기. 무기력 직전의 최소한의 활기와 무의식 직전의 가까스로 남은 의식으로, 봄의 나긋한 속삭임 위를 걸었다.

간단한 요깃거리라면 정신이 들까 싶어, 한 노천 카페 테이블에 앉아 레드 와인 한 잔과 작은 치즈 플래터를 주문했다. 달콤한 와인 두 모금을 마신 뒤, 아차 - 술기운이 금세 얼굴을 붉게 물들였고 정신은 더욱 몽롱해졌다. 그건 이 도시를 구석구석 걷다가 생긴 여독 때문이었을까, 아니면 밀려오는 봄의 따스함에 눌려 생긴 춘곤증 때문이었을까.

카라쾨이 부둣가를 서성이던 낚싯대를 드리운 사람들. 와인에 알딸딸해진 채로, 어떤 이와 벤치 하나를 사이에 두고 서로 양 끝에 걸터앉았다. 내쉬는 한숨에 달큰한 와인 향이 코끝을 스쳤다. 벤치 옆에 얌전히 앉아 있던 얼룩무늬 고양이는 그 냄새라도 맡았나 – 가만히 있던 꼬리를 흐느적흐느적 흔들다가, 별일 아니라는 듯 갸르릉거리며 하품을 내뱉었다.

♫ John Mayer - You're Gonna Live Forever in Me

　　　계획도 없던 이스탄불의 마지막 날, 어느덧 석양이 황금빛으로 물들고 저녁 이내가 보스포루스 해협 위로 퍼져 나갔다. 게슴츠레한 두 눈엔 퍼런 물비늘이 봄 아지랑이처럼 피어올랐다. 이스탄불에 드리우기 시작하던 봄을 발맘발맘 걸었던 그 해, 그러고 보니 그 봄은 더없이 유난히도 밝고 눈부셨구나.

봄에 젖다,
도쿄에서

♫

imase - Night Dancer (2022)

瑛人 - 香水 (2019)

Radwimps - 夢灯籠 (2016)

Vaundy - 東京フラッシュ Tokyo Flash (2020)

星野源 - アイデア (2018)

Aimyon - 愛を伝えたいだとか (2017)

亜蘭知子 - Midnight Pretender (1983)

あたらよ - 憂い桜 (2023)

森山直太朗 - さくら (2003)

米津玄師 - さよーならまたいつか！(2024)

알고리즘

　그 해 봄의 시작은 유독 바쁘기 짝이 없었다. 짧디짧던 낮이 점차 길어지는 만큼 퇴근 시간도 점점 늦어졌다. 며칠이고 점심시간에 잠깐의 산책 외에는 햇볕을 맞을 여유가 없었다. 일을 마치고 어둠이 내려앉은 하늘을 올려다보니 이대로 곧장 집으로 향하면 왠지 억울할 것 같았다.

　그래서 갑작스레 친구를 불러내 왁자지껄한 포차에서 술 한 잔을 걸치거나, 청계천 산책로를 따라 쭉 걷기도 하고, 일 년에 며칠만 열리는 경복궁 야행을 다녀오기도 했다. 헬스장에서 운동을 하거나 집에서 멀지 않은 한강을 따라 러닝도 했지만, 흐리멍텅하게 지새워 내던 밤들 속에서 선명한 색채를 찾아내기란 결코 쉽지 않았다.

　　　　그러던 어느 날 퇴근길, 유튜브의 알고리즘이 이끈 어떤 일본 가수의 노래. 피로에 짓눌린 마음에 청량한 충격과도 같던 그 노래가 좀처럼 기억에서 떠날 줄을 몰랐다. 밤이 깊은 일본 도쿄 도심의 어떤 거리를 천천히 걷는 듯 했다. 우연한 한 번의 청취로 끝내기엔 아쉬워서 찾아본 그 노래의 뮤직비디오에서는 처음부터 끝까지 짙게 푸르던 도쿄의 밤하늘이 화면을 가득 채우고 있었다. 차갑지만 생기 있게 느껴지던 그 도쿄의 밤을, 나는 어쩌면 원하고 있었던 것일까?

　　🎵 imase - Night Dancer

　　　　봄이 사뿐히 내려앉은 어떤 낯선 도시에서의 시간들에 설레기 시작했던 그 날, 집에 돌아와 도쿄행 티켓을 끊었다. 일상의 숲을 헤매던 중 한 줄기 빛을 따라 고요히 방향을 정한 듯, 내심 이미 정해 놓은 나만의 규칙 속에 숨겨진 자유를 찾은 듯한 기분. 그날 밤, 꿈 속에서 나는 알 수 없는 알고리즘이 이끈 인적 드문 도쿄의 밤거리를 누비고 있었다.

봄향

　　아직 동이 트지 않은 새벽, 추적추적 봄비가 내렸다. 일기예보에서 도쿄 날씨가 따뜻하다고 하여 얇은 긴팔 셔츠 위에 점퍼 하나를 걸쳤지만, 점퍼가 채 덮지 못한 손등에 떨어진 빗방울은 자못 차가웠다. 잠이 덜 깬 채 공항버스에 올라 포근한 히터에 몸을 녹였다.

　　동이 틀 무렵 공항에 도착해 수속을 마치고 비행기에 올랐다. 비행기는 아무리 타도 도통 익숙해지지 않는다. 이륙을 위해 속도를 높이거나 예기치 못한 난기류로 기체가 흔들릴 때면 두 손바닥에는 어느새 땀이 가득. 편안하게 가게 해달라는 기도가 먹혔는지, 무리없이 나리타 공항에 도착했다.

입국수속을 마친 대부분의 사람들이 곧장 도쿄행 전철 플랫폼으로 향했지만, 나는 미리 찾아둔 물품 보관함을 찾아 캐리어를 넣었다. 낯선 도시를 받아들이기 전 잠깐의 호흡이 필요했다. 출발 전 지도를 보니 나리타 공항 앞에는 나리타라는 마을이 있었다. 전직 항공사 승무원이었던 친구도 추천한 곳이라, 짐을 가볍게 하고 한 번 둘러보기로 했다.

공항에서 전철로 10분도 안 되어 도착한 나리타 역. 출발 전에 마신 커피 한 잔이 전부였던 터라 배가 고팠다. 역 앞부터 펼쳐진 거리에 유독 장어요리집이 많은 것을 보니 이 마을은 장어로 유명한 듯 했다. 이제 며칠 간 도쿄라는 거대한 도시를 누비려면 지금 이 시점에 보양은 필수. 적당히 괜찮아 보이는 식당으로 들어가 다찌에 앉아 바로 주문했다.

- 저기요, 장어덮밥 하나 주세요.

주문을 하고 돌아본 가게는 점심시간이 조금 지나 적당히 한산했다. 따뜻한 물수건으로 손을 닦고 얌전히 기다렸다. 눈앞 유리 쇼케이스 안에는 먹음직스러운 횟감들이 늘어져 있어 입맛을 다시다 보니, 어느덧 장어덮밥이 도착.

두툼한 크기에 양념이 고루 발린 장어 한 마리의 기름이 표면을 따라 천천히 흐르고 있었고, 그 아래에는 고슬고슬한 밥이 수북이 담겨 있었다. 슬라이스 오이 한 조각으로 입안을 가시고, 윤기가 흐르는 큼지막한 장어 한 토막을 입안에 채워 넣었다. 담백한 살코기와 적당히 달고 짠 양념이 입안을 가득 채우는 것이 마치 입 안에서 봄의 마쯔리*가 열리는 듯했다. 장어는 봄철에 가장 맛이 좋다던데, 그건 아마도 태동하는 봄의 기운을 따라 꿈틀거리기 시작하는 그것의 에너지 때문이 아닐까 싶기도 했다. 여행의 시작부터 체하지 않도록 꼭꼭 씹으며 천천히 음미했다. 밥은 절반 정도 남긴 채, 마지막 한 토막 남은 장어로 식사를 마쳤다.

배를 채운 후 가게 문을 나서자 거리의 한낮 풍경은 참 아름답기 그지없었다. 장어 때문인지 눈의 초점이 더 선명한 것도 같다. 그제야 다양하게 보이기 시작하던 오모테산도 상점가 거리였다. 좁은 골목을 두고 마주앉은 옛 목조 가옥들에는 기념품 가게, 과자 가게, 우동 가게 등이 자리 잡고 있었다. 참새 한 마리가 이리저리 건물 처마를 오가며 지저귀었다. 오직 봄에만 콧등을 스치는 이 고유의 정취를 나는 분명 그리워하고 있었던 것이 틀림없었다.

---

*마츠리(祭り): 일본의 축제

　　　　오모테산도 거리의 끝에 다다르자 나리타산 신쇼지라는 사찰이 모습을 드러냈다. 좁은 골목의 오밀조밀한 분위기와 달리 사찰 정문은 생각보다 웅장해서 잠시 걸음을 멈추게 했다. 정문 앞에서 두 손을 모아 합장하는 사람들을 따라 나도 짧게 합장을 했다.

　　　　천 년이 훌쩍 넘은 역사를 가지고 매년 새해가 되면 인파로 북적인다는 나리타산 신쇼지. 특히 입신과 출세를 기원하는 명소로 유명하다고 했다. 입구를 지나면 좌우로 늘어선 석등 사이를 지나 눈앞에 펼쳐지는 가파른 계단을 오르니 커다란 향로에서 은은하게 피어오르는 향이 사람들을 감쌌다. 몸의 아픈 부위를 치유해준다는 그 향을 쐬고 맑은 물로 손을 씻은 뒤 본당 앞에 놓인 새전함에 동전을 넣으며 합장을 했다. 비록 약소했지만, 그것은 진심이 담긴 나만의 의식. 부디 그 치유의 손길이 나조차 알지 못하는 무형의 생채기까지 가닿기를.

　　　　경내를 둘러보다 이른 신쇼지의 뒷뜰에는 흐드러지게 핀 벚꽃나무 한 그루가 내게 안녕을 빌어주며 사찰과 이어진 나리타산 공원으로 가는 샛길을 안내했다.

사찰 경내 바닥에 깔린 자갈을 밟는 소리가 그친 오솔길 초입부터 커다란 나무들이 양옆에 늘어서 있었다. 구름이 낀 하늘을 짙푸른 녹음이 차츰 가리며 숲 속에 들어온 듯했다. 이끼로 이불을 덮은 바위들 사이로 들리던 물소리를 따라 가보니 작은 폭포가 수줍게 모습을 드러냈다.

　　사람 하나 없던 그 길에는 불어오는 바람에 흔들리는 나뭇가지 소리와 절제된 새 울음소리만이 간간히 귓가를 스쳤다. 그것은 어제까지 내가 존재해내던 도시에서 또 다른 도시에 존재하기까지 그 사이에 갖는 여백이었다. 어떠한 유행도, 살아가기 위해 필요한 정보도 빠르게 변하는 도시와는 달리, 지극히 변함없이 사계의 흐름만을 고요히 좇는 나무와 바위, 그리고 폭포의 집합이었던 공원.

　　나무들로 우거진 숲길 끝에는 평화로운 연못 세 개가 나란히 자리하고 있었다. 좁은 다리 두 개만이 세 연못을 구분 짓고, 각각 몬주文殊, 류주龍樹, 류치龍智라는 이름이 붙어 있었다. 희로애락으로 분절된 인간의 마음도 실은 단일한 연못과 같지 않을까. 커다란 비단잉어들은 세 개이자 하나의 연못을 자유로이 노닐고 있었다.

나리타산 공원 끝자락의 산책로에 군락을 이루던 매화나무는 어느덧 한 차례 꽃을 피워내고 이제는 홍매화 몇 송이만 나무에 남아 있었다. 이미 봄은 그 도시 깊숙이 스며들었겠구나. 추운 겨울 동안 웅크려 있던 어린이들의 웃음소리와 샐러리맨들의 건배 소리가 이제는 도시를 가득 채우겠구나. 향수 어린 상상에 흠씬 미소를 지어본다.

드넓은 나리타 신쇼지와 공원을 산책하니 어느덧 오후 세 시. 따스함을 넘어서 어딘가 도발적이었던 햇볕 아래 이마에는 송글송글 땀이 맺혔다. 그러니 돌아가는 길목에 우연히 찾은 나리타 향토 사케집을 그냥 지나칠 수 없었다. 가게 앞 작은 나무 그루터기 의자에 앉아 시원한 잔사케로 목을 축이며 나른한 봄 햇살을 맞았다. 사케 병 라벨에 그려진 벚꽃들이 취기에 하늘거리던, 코끝에 은은히 스며든 봄의 향수.

🎵 瑛人 - 香水 (에이토 – 향수)

꿈의 등불

서울보다 더 거대한 도시 도쿄를 어떻게 마주할지, 첫인상에 대한 무궁한 호기심으로 사방을 누비고 다니지 않을까. 그러기 위해선 그만한 그릇이 필요한 법. 도쿄로 들어가기 전, 그릇을 깨끗이 비우고 준비해 두어야겠다 싶었다.

나리타 공항에서 도쿄 시내가 아닌 치바 마쿠하리로 향하는 버스에 올랐다. 평범한 도쿄 외곽의 마을 마쿠하리에는 미리 찾아둔, 넓은 도쿄만이 보이는 노천온천과 해변이 있었다. 하늘을 찌를 듯한 고층 건물과 분주한 사람들, 화려한 네온사인의 숲 속으로 뛰어들기 전, 탁 트인 바다가 보이는 이 낯선 곳에서 잠시 쉬어가볼까.

숙소에 짐을 풀고 곧바로 길을 나섰다. 도쿄의 봄에 흠뻑 젖고자 아무런 계획도 세우지 않은 가운데, 최적의 시간까지 완벽하게 계획했던 유일무이한 하나의 일정을 위해.

바닷가를 따라 천천히 걷다 보니 금세 목적지에 도착했다. 마침 구름 사이로 태양이 비스듬히 바다를 비추는 낭만적인 시간이었다. 빛을 가득히 머금은 파도가 가슴 속 깊이 스며들었다. 소금기를 머금은 바람이 잔잔히 콧등을 스치고 지나갔다.

자연인의 행색으로 대욕장을 지나 유리문을 열고 다시 바다와 마주했다. 어느새 뉘엿뉘엿 기울어진 햇볕 아래, 짙붉게 물든 파도와 거세진 해풍은 피부의 평원 위 억새와도 같은 솜털들을 쓸어헤쳐 온몸을 휘감았다. 자연스레 두 손은 허리춤으로 향했고 허리를 곧게 폈다.

포근한 온수가 발과 종아리를 적시더니 이내 모든 것을 감쌌다. 정수리에서 왼쪽 눈가 옆으로 흐르던 땀 한 방울에 마음까지 개운해졌다. 수심愁心을 토해낸 호흡으로 다시 수심水深 깊은 바다의 파도와 해풍을 삼켰다.

그 노천온천에서 자연인이 된 모두는 아무 말 없이 태양이 수평선 아래로 서서히 제 모습을 감추는 모습을 바라보았다. 온천에 채 담기지 못한 어깨 위로 스치는 서늘해지는 바람으로부터 따뜻한 수증기가 나를 감싸 안았다.

　　　온천을 마치고 휴게실의 큼지막한 소파에 앉아 창문 너머로 밀려왔다 쓸어가는 파도의 행렬을 지켜보았다. 삶의 시작처럼 무엇 하나 없이 깨끗하게 비어 있었을 마음에 파도는 슬며시 밀려와 그새 나도 모르게 쌓여 있던 알 수 없는 때를 벗기고 쓸어간다.

　　　온천을 나와 어둑해진 하늘 아래 숙소로 돌아가는 길, 마쿠하리 해변을 따라 걷는 동안 격정적으로 밀려오던 파도는 온천 휴게실의 소파에서는 들을 수 없던 파도소리와 함께 푸르스름한 심장 속 녹을 모두 긁어내는 듯했다. 칠흑 같은 어둠을 앞세운 저녁의 파도 앞에서는 어떤 아집과 오기도 모두 무력했다.

　　　그러는 동안 어느덧 도시의 불빛이 가까워지고 저문 마음의 바다에도 새로운 파도가 다시 드리우던 밤.

숙소 근처 한 이자카야에 들어섰다. 근처에서 치뤄진 프로야구 경기에서 승리를 거둔 치바 롯데 야구팬들로 북적이던 가게 안. 직원들마저 야구 유니폼을 입고 손님들과 함께 환호하며, 사방에서 쏟아지는 주문과 건배 소리가 끊이지 않았다.

이렇듯 봄을 딛고 프로야구 시즌의 시작과 함께 모두의 기대와 함성 속에서 또 한 번 약동하는 도시. 팀은 이전 기록과 무관하게 4월의 시작선에서 균등하게 출발한다. 각자의 전략을 총동원해 초반 기세를 잡으려는 치열한 경쟁. 매 경기가 끝날 때마다 순위표는 엎치락뒤치락 요동을 친다. 오랜만에 마운드에 오른 간판 투수가 반갑다. 스트라이크 하나, 삼진 하나에 주먹을 불끈 쥐어 올리고, 타자의 솔로 홈런 하나에 관중석에서 거센 함성이 쏟아진다. 경기 후 머지 않은 술집에서 너도나도 짜릿한 하루의 끝을 만끽한다.

봄철 야구리그 순위표처럼 역동적인 도시의 삶은 치밀한 전략이 겸비된 공수攻守의 연속. 달콤한 승리와 쓰라린 패배의 반복 속에 사라진 줄 알았던 꿈 하나가 서서히 고개를 든다.

　　　　희미하게나마 보이던 꿈과 함께 잠든 첫 날이 지나고, 밝아오는 아침에 이 곳에서 잠시 도시인의 패턴을 만들어본다. 준비해 온 운동화를 동여매고 숙소를 나섰다.

　　　　구름 가득한 하늘을 벗삼아 야자수 사이로 난 보도를 따라 뛰었다. 나이키 런을 켜고 달리는 동안 애플 워치의 GPS가 낯선 도시를 스캔하며 지도 위 경로와 달린 거리, 속도, 해발 고도 등 온갖 숫자로 30분 남짓한 짧은 시간을 기록했다. 에어팟을 귀에 꽂고 괜스레 잘 이해하지 못하는 일본의 아침 생방송 뉴스를 들었다. 맞은편에서 또 다른 러너가 심박수를 한껏 올리며 아침을 시작했다. 흐린 날씨 탓인지 갯바람이 자못 꾸덕했다. 바람에 살랑거리는 야자수 잎이 사각거리는 소리는 대로를 달리는 차들의 소리에 묻혀갔다.

　　　　숙소 근처 35층에 위치한 헬스장 창가 너머로 보이는 마쿠하리 시내 전경과 도쿄만은 광활함 그 자체였다. 창가를 향해 놓인 트레드밀 위에서 조깅을 하는 이들은 창밖으로 보이는 대도시에서의 하루를 향해 사전 준비를. 랫풀다운에 건 중량은 마치 35층 천공에서 이 도시 전체를 끌어올리고 있는 듯, 결코 가볍지 않았지만 기분 좋은 자극이었다.

도시인들의 꽃, 편의점에서 프로틴 하나를 사서 숙소로 돌아오니 온몸에 에너지가 충전되었다. 곧 퇴실을 하고 마쿠하리 역으로 이동해 도쿄행 열차를 기다렸다.

승강장에서 나와 같은 열차를 기다리는 많은 사람들을 보니 대도시가 가까워지고 있음을 실감했다. 엎치락뒤치락, 분명하지만 선명하지 못한 희로애락, 무수히 반복되는 승리와 실패 속에서도, 각자가 마음 속에 품은 작은 꿈에 등불 하나를 밝히기 위해 오늘도 각자의 패턴 속에서 하루를 환히 밝힌다.

♫ Radwimps - 夢灯籠 (꿈의 등불)

이방인

도쿄에 예약해 둔 숙소에 도착해 짐을 풀고 빠르게 샤워한 뒤, 다시 채비를 해서 밖으로 나섰다. C와의 약속 시간이 임박해 여유가 없었다. 시부야역까지 경로를 확인하려 구글 지도를 열자 오색빛깔 뱀들이 무질서하게 똬리를 튼 듯한 도쿄 전철 노선도는 서울보다도 더 복잡했다.

시부야까지 가는 경로는 다양했지만, 당장 숙소를 나서며 왼쪽과 오른쪽 갈림길에서 선택을 해야 했다. 오렌지색의 긴자선 전철이 최단 시간으로 안내되어 오른쪽으로 발길을 옮기며 몇 번째 모퉁이에서 꺾어야 하는지를 끊임없이 되뇌이던 대도시의 여행자.

가까스로 전철역 입구를 찾아 계단을 내려가니 또 다른 미션이 기다리고 있었다. 내가 타려는 오렌지색 노선은 어디로 가야 할까. 은색과 마젠타색 노선 승강장의 안내판이 자꾸만 시야를 방해했다. 오렌지색 노선 승강장은 대체 어디 있는 거지 – 무수하고 무용한 정보값들과 분주하고 분방한 도시인들이 나를 이리저리 관통했다.

마침내 발견한 오렌지색 노선 승강장에서 방향을 확인하고 때마침 들어오는 열차에 가까스로 몸을 실었다. 한숨 돌린 이마에는 어느새 땀이 송글송글.

어둑한 터널을 따라 달리는 열차의 반쯤 열린 창문으로 서늘한 바람이 불어왔다. 덜컹거리는 열차소리와 속삭이는 대화 소리 사이로 명료한 목소리의 안내 방송이 객실에 울려 퍼졌다. 이방인의 귀에는 고만고만 비슷하게 들리는 역 이름들. 안내 전광판에 표시된 역명 옆 동그라미로 둘러싸인 아라비아 숫자의 역번호만이 유일한 희망이었다. 시간이 어떻게 지나갔는지도 모른 채 앉아 있다가, 반가운 안내 방송이 흘러나왔다.

"The next Stop is Shibuya."

열차에서 모든 사람이 내리며 자연스레 인파에 휩쓸린 나는 동서남북의 감각도 잃고 어디로 향하는지도 모르는 채 미지의 출구로 나가게 되었다. 군중 속 아는 이 하나 없어 고독하지만 당황하지 않고 눈치껏 군중을 따라가다 보면 어렵지 않게 목적지 '시부야 스크램블'에 도착.

　　　　조금 전까지 차들이 달리던 시부야 스크램블은 횡단보도의 녹색 신호등과 함께 금새 사방으로부터 각기 다른 목적지를 향해 가는 사람들로 가득했다. 신호가 켜진 45초 동안 창발의 연쇄와 무언의 소통은 도시 그 자체였다. 거대한 인간 소용돌이가 자아내는 완전한 혼돈임과 동시에, 하나의 생명체나 다름없이 신비롭고 초자연적인 질서이기도 했다. 소란스러운 도시 속에서 대도시의 이방인은 이를 보고 흠씬 경탄할 수 밖에.

　　　　♪ Vaundy - 東京フラッシュ Tokyo Flash

　　수천 명의 일상이 반대편 모퉁이로 길을 건너는 교차로 한가운데에서 갈 길 없는 이방인은 길을 건너지 않고 교차로 한복판에서 몇 차례고 사진 셔터만을 눌러본다.

아는 이 하나 없는 분주한 교차로 한가운데로 걸어갔던 그 순간, 우연히 반갑게 만난 친구 C. 이제부터 시작될 도쿄의 봄밤을 함께 누비자. 교차로 한 모퉁이에서 우두커니 지나는 사람들을 내려다보는 츠타야 서점을 끼고 돌아 어느 거리에 진입했다. 거리 양쪽으로 늘어선 간판들이 행인들을 호객하며 화려하게 빛났다.

　　　번화가를 지나 소란하지 않던 어떤 펍에 들어가 그와의 재회를 축하하며 쌉쌀한 IPA 맥주 한 잔을 들이켰다. 퇴근 후 양복 차림으로 삼삼오오 모인 도쿄의 직장인들과, 낯선 도시의 밤을 누리려는 여행자들이 각자 도시의 대화를 나누고 있었다. 왼쪽 테이블에 앉은 양복 차림의 남자는 다가오는 주말 아이와 함께 가기로 한 도쿄 디즈니랜드를 벌써부터 힘겨워하는 듯 했다. 오른쪽 테이블에 앉은 여자는 그날 다녀온 도쿄 스카이트리만큼이나 설렘으로 빛났고 행복은 높이 솟아 있었다.

　　　일상의 공전이 낳는 일말의 피로와 비일상의 연쇄가 낳는 비상한 감각이 각자의 빈 맥주 잔에 여전히 소용돌이치던, 우주와 같이 드넓은 이 곳은 봄의 도시.

도수가 셌던 맥주에 알딸딸해져 펍을 나선 뒤, C와 헤어진 채 정처 없이 거닐다가 사쿠라자카 골목 초입에 다다랐다. 사쿠라 축제를 축하하는 인근 상인들이 달아놓은 제등의 행렬이 어둑해진 밤을 밝히던 가운데, 점차 푸릇한 잎을 꺼내 보이던 벚꽃들이 꽃다운 조명을 한껏 받은 채 골목을 가득 메웠다.

핑크빛 조명 아래 더욱 불그스름해진 두 볼 위로, 갑자기 세차게 불던 바람에 날리던 벚꽃 한 잎이 사뿐히 내려앉았다. 그렇게 봄이 무르익는 이 도시에 당도한 한 이방인을 달갑게 환영하던 이는 누구였을까.

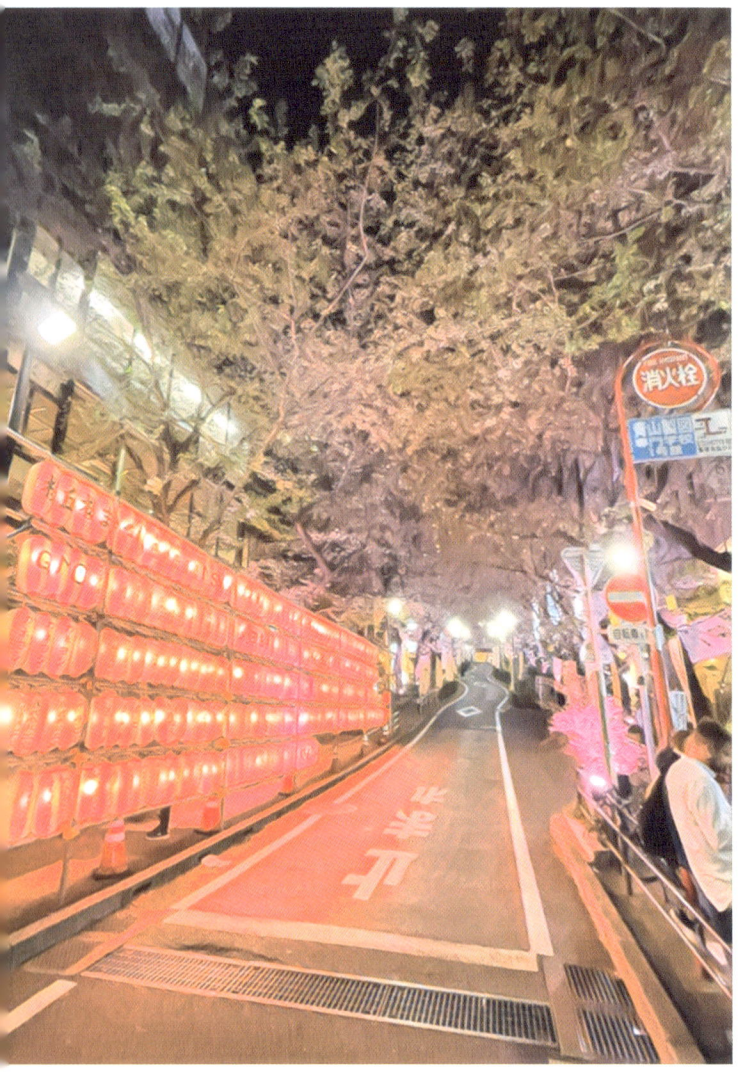

호텔로 돌아가는 택시 차창 너머로 보이던 도쿄타워가

요란히 반짝거리며 환영의 불꽃놀이가 열리던,

도쿄의 첫날 밤.

만화경

　　도시의 아침이 가장 먼저 찾아오는 곳이 있다면 그건 아마 시장이 아닐까. 특히 지난밤 어둠을 헤치고 바닷가 각지에서 도착한, 동그랗게 눈을 뜨고 펄떡거리는 생선들이 모인 수산시장에는 이른 아침부터 가게를 연 상인들과 몰려든 관광객들로 북적인다.

　　그날 츠키지 역에서 시장까지 걸어가는 길에는 보슬보슬 비가 내리며 시장에 이르기도 전에 은은히 풍겨오는 생선 비린내가 거리를 가득 메웠다. 츠키지 시장은 이제 도쿄를 대표하는 수상시장의 자리를 내주었지만, 일부 골목에서는 여전히 옛날의 모습을 간직하고 있는 듯 했다.

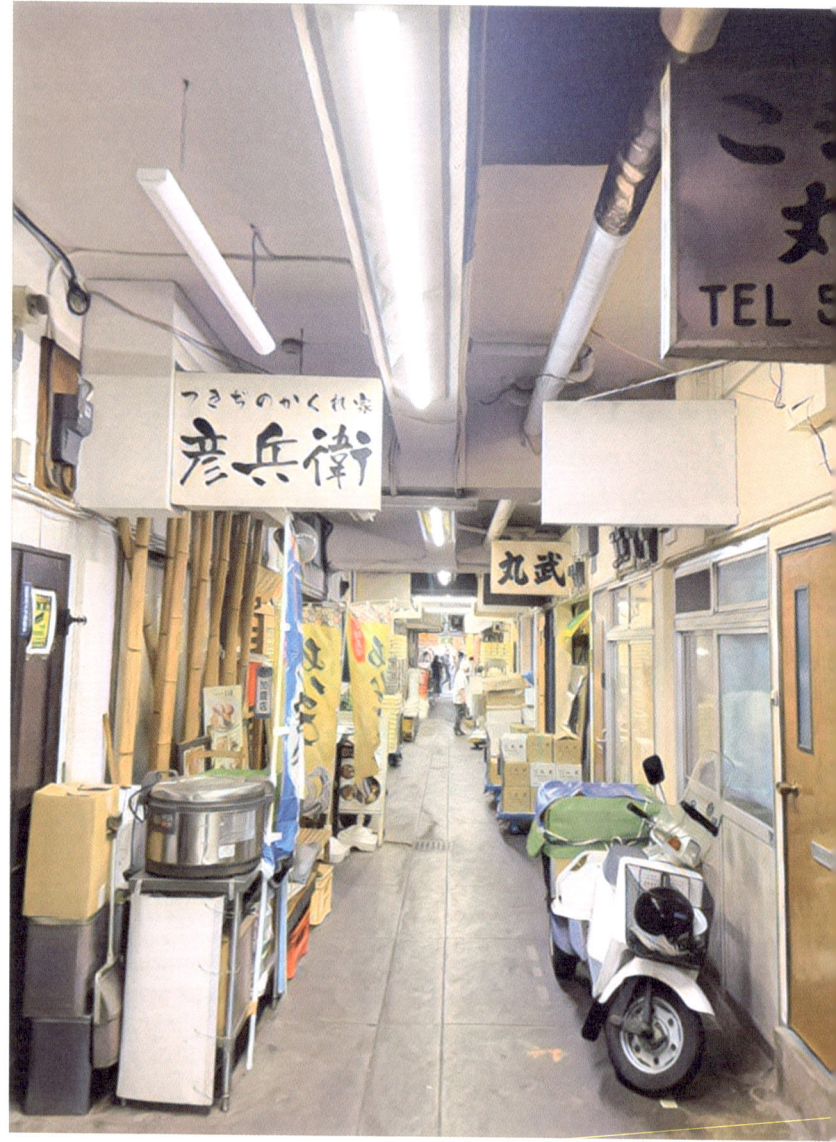

츠키지 시장 내 좁은 골목을 사이로 뚫린 미로와도 같은 통로에는 어두운 형광등 아래 옛스러운 간판과 주차된 스쿠터, 작은 카트 위 쌓인 박스, 각종 집기들이 빼곡히 들어차 있었다. 그 곳에서 풍겨오는 퀴퀴한 냄새는 시장이 생긴 지 수십 년이 넘도록 쌓인 시간의 냄새이자 사람들의 손때가 만들어낸 흔적이었겠다.

그 냄새는 골목을 걷는 동안에도 코를 찌르면서도 묘하게 매혹적이었다. 생선 비린내와 함께 섞인 습기 어린 공기는 시장의 숨결과도 같았다. 그 비린내는 상인들이 날카로운 칼날로 생선의 살을 가르며 손님을 부르는 우렁찬 외침과 뒤섞여 골목 전체를 채웠다.

어쩌면 츠키지 시장의 누군가는 이전의 시절을 그리워할지도 모르겠다. 더 싱싱한 생선을 더 많이, 더 빠르게, 더 많은 이들에게 팔았던 그 때를. 하루 종일 칼을 갈던 생선칼 가게 주인도, 시장 상인들이 쉴 틈 없이 드나들던 작은 라멘집 주인도 - 오토바이와 수레가 골목을 바삐 오가며 생선 비린내도 지금보다 더 짙게 피어오르던 그 시절은 어딘가 허전하게 느껴지는 지금 문득 떠오르는 애틋한 노스탤지어.

그럼에도 츠키지 시장에는 썰물처럼 사라진 것들을 대신해 새로운 물결이 밀려와 자리를 메운 듯 했다. 형형색색 깃발이 펄럭이는 가게마다 시장을 구경하러 온 사람들을 유혹하고 있었다. 가리비 구이, 참치 스테이크, 생굴, 우니, 달걀말이, 와규구이꼬치, 몬자고로케까지 - 육해공을 가리지 않고 등장한 한입 거리 음식들. 과연 '도쿄의 식탁'이라고 부를 만도. 작은 만화경이 빙빙 도는 매 순간 서로 다른 모양을 만들어내듯, 혼란 속에서도 묘한 조화를 이루는 츠키지 시장에도 서로 다른 삶과 아이디어가 어우러져 이방인의 시선을 촘촘히 채운다.

♪ 星野源 - アイデア (호시노겐 - 아이디어)

제법 익숙했던 어제의 소멸과 낯설기만 한 내일의 도래 속에서, 어제는 오늘을 비치고 오늘은 다시 내일을 비춘다. 빙글빙글 돌아가는 만화경 같은 세상 속에서, 때로 앞이 가로막힌 순간에는 츠키지 시장의 포슬포슬한 100엔짜리 달걀말이처럼 말랑말랑한 아이디어가 내게 떠오르길, 별일 아닌 듯 매끄럽게 넘기고 다시 나 자신에 가닿기를 – 슈퍼맨과도 같은 초능력을 바라도 본다.

달달한 달걀말이가 풀어버린 위장의 빗장은 곧 허기짐으로 이어졌다. 굵어진 빗방울을 잠시 피할 겸 스시집으로 들어가 다찌에 자리를 잡았다. 메뉴는 '오늘의 추천 스시 10선'과 간밤의 과음으로 지친 속을 달래줄 재첩 된장국.

주문과 동시에 과묵한 마스터의 일사불란한 손끝에서 탄생하던 스시들. 긴 접시에 하나씩 올려지던 선홍빛 참치, 은빛 고등어, 연어알 군함은 마치 작은 갤러리 같았다. 젓가락이 가는 대로 하나씩 음미해본다. 비가 내려 촉촉해진 공기와 맞닿아 쫄깃해진 생선살은 감칠맛을 한층 더 끌어올렸다. 한 숟갈의 따뜻한 재첩 된장국은 구수함으로 아침의 피로를 비와 함께 씻어내는 듯 했다.

서로 다른 스시 열 점이 접시 위에서 모두 사라질 즈음, 마지막 화룡점정의 추가 주문을 넣었다.

- 여기 혼마구로 아부리 오도로 (구운 참치) 하나요!

오늘도 이 스시집의 혼마구로처럼 최고급의 하루가 되길 – 고소한 참치맛에 태평양처럼 원대한 희망 하나를.

오아시스

　　　　모두가 출근에 한창인 대도시의 아침. 양복 차림의 신사가 한 손에 서류가방을 들고 전철에 몸을 실었다. 무테 안경과 귀 사이로 뻐드렁니처럼 솟은 새치가 제법 희끗한 데다가 전날 야근 때문인지, 아니면 회식 때문인지 눈을 질끈 감은 채, 자신의 무미건조한 아침을 타인에게 보여주고 싶지 않은 듯 그는 하얀 마스크로 코와 입을 완전히 가렸다. 그 옆에 가까스로 전철에 탄 코트 차림의 여자도 마스크를 쓴 채 영혼 없이 스마트폰 위로 손가락을 휘저었다. 그 모습을 바라보던 이방인인 나도 현실로 돌아가면 그들과 다를 바 없겠지만, 낯선 도시에서 나와 닮아 있는 그들의 모습에 신기해 하면서도 안쓰러운 마음을 잠시 느꼈다. 두 사람은 내가 내릴 목적지인 롯폰기 역에서 모두 내렸다.

롯폰기는 관광지라기보다 마천루가 즐비한 바쁜 직장인들의 구역으로, '롯폰기힐스'라는 이름으로 더 잘 알려진 곳이었다. 아침 아홉 시가 넘은 탓인지, 비가 내리는 거리에는 출근길의 여운이 남아 있었다. 서두르던 직장인들의 발걸음들이 사라진 뒤의 고요함이 롯폰기를 감싸고 있었다. 보슬보슬 내리는 빗줄기는 도시의 분주함을 잠시 누그러뜨리며, 회색빛 도시와 어우러져 차분한 공기로 덮어주었다.

모리빌딩 주변을 걷다 우연히 연못이 있는 작은 정원을 발견했다. 정원 곳곳에 심어놓은 나무에서는 푸릇한 봄싹이 자라나고 있었다. 연못 위로 떨어지는 가는 빗방울이 수면을 어지럽히며 뒤편의 빌딩들은 수면 위 흐릿한 잔상으로만 남았다. 한 손에 커피를 쥔 채 우산을 든 직장인은 잠시 스쳐가는 가랑비가 지워낸 연못의 여백을 우두커니 쳐다보며 무슨 생각을 했을지. 그 순간만큼은 바쁜 일상에서 잠시 벗어나, 고요 속에서 자신만의 시간을 되찾은 듯한 느낌이 들진 않았을까.

♬ Aimyon – 愛を伝えたいだとか
(사랑을 전하고 싶다던가)

롯퐁기역의 긴 지하보도를 따라서 도쿄 미드타운까지 걷기 시작했다. 햇빛 한 줄기 닿지 않는 지하에서 동서남북의 감각을 잃고 오직 안내판만을 의지한 채.

　　　안타깝게도 도쿄 미드타운이 문을 열기 전에 도착해버려서 대부분의 점포가 닫혀 있었다. 원체 어떤 맛집을 찾아가거나, 쇼핑을 할 마음이 아니었기에 아쉬움 없이 건물을 나섰다.

　　　건물 밖으로 나오니 가랑비가 그친 뒤였다. 양옆으로 녹음 짙은 나무들이 드리운 산책로가 있어 그 길을 따라 천천히 발걸음을 옮겼다. 도시의 소음으로 가득했던 대로변에서 점점 멀어지며 걷다 보니, 어느새 모든 것이 소리를 감춘 허공에서 새 한 마리가 수줍게 지저귄다.

　　　산책로 중간 내리막길 끝에 높은 건물들이 보일 때쯤, 촉촉히 젖은 벤치의 물기를 털고 잠시 앉아 물 한 모금으로 목을 축였다. 하늘을 찌를 듯 높게 치솟은 도시의 건물만큼이나 고조되던 도시인들의 피로감을 덜어줄 이 곳은, 모두를 위한 숨겨진 오아시스.

다시 롯퐁기역으로 돌아와 전철을 타고 다이칸야마로 향했다. 오래 전부터 알고 있었던 다이칸야마의 츠타야 서점을 꼭 한 번 들러보고 싶었다. 입구에서 커다란 나무 한 그루가 가지를 벌려 방문객들을 맞이했고, 익살스러운 모형물들이 공원처럼 펼쳐진 서점 주변에 놓여 있었다.

통창 유리로 된 실내는 옛 책방처럼 빽빽한 책으로 가득하지 않았다. 대신 안락한 의자와 소파에 앉아 창밖의 녹음을 보며 여유롭게 책을 읽을 수 있었다. 서점 내 스타벅스에서 따뜻한 커피을 한 잔 마시며, 책을 함께 진열된 재즈 음반도, 사과잼도, 와인도, 커피포트도 구경했다.

일상에서 벗어나 나 자신에게 관대해질 수 있는 시간. 아직 발견하지 못했던 취향과 가능성을 실험해보는 기회의 장이었다. 나는 커피와 함께 '가장 나다운 생각'이 담긴 잡지 한 권을 집어 들었다.

나를 둘러싸던 책과 커피, 음반 - 그 모든 것들이 조용히 말을 걸어오는 듯했던 그 서점은, 거대한 도시에서 발견한 가장 사적인 쉼표였다.

서점에서 나와 다이칸야마 거리를 걷다가 근처에 오래된 고택이 있다는 사실을 알고 발걸음을 돌렸다. 복잡한 도쿄 시내에서 동떨어진 듯한 고요함에, 이곳이 도심 한복판인지 의심이 들 정도였다. 백 년이 넘은 고택은 세월의 흔적을 겸허히 품은 채 단아한 자태로 서 있었다.

　　　중정을 건물이 둘러싼 독특한 구조의 고택 뒤편으로는 작은 산책로가 이어져 있었다. 고요함 속에서 발걸음마다 나무 마룻바닥이 삐걱거리는 소리가 적막을 깨뜨렸다. 모든 방의 창문은 액자처럼 정원 풍경을 담아냈다. 야생의 자연이 아닌, 오랜 주인이 정성껏 가꾼 작은 우주. 소나무의 우아한 곡선, 뿌리 위로 덮인 푸른 이끼, 돌항아리와 석등이 어우러진 산책길—인간의 손길이 자연과 조화를 이룬 오아시스. 숨조차 천천히 쉬게 되는 이곳은 마치 세상의 소음이 모두 지워진, 또 하나의 우주.

　　　정원이 가장 넓게 보이는 응접실의 벤치에 앉아 한참을 우두커니 바라보다가, 뒷편 산책로를 천천히 걸어 고택을 떠났다. 고택을 떠나는 순간 그 고요함은 내 안에 작은 정원으로 남아, 오래도록 잔잔히 숨 쉬었다.

높은 빌딩들 사이에 작은 연못을 품은 아담한 공원, 모두에게 조금 더 관대했을 뿐인 서점, 그리고 숨겨진 고택 속 옛 주인이 가꾼 정원은 어쩌면 누군가에게는 그리 특별하거나 깊은 울림을 주는 곳은 아닐지 모른다. 이와 비슷한 장소들은 다른 도시에서도 어렵지 않게 찾아볼 수 있으니.

　　　그럼에도 그것들이 가진 아름다움과 찰나의 여유는 가열차게 삶을 달궈온 누군가에게는 단비 같은 순간이 되기도 하고, 평범했던 일상 속에서 자신이 지닌 비범한 회복 능력을 발견하는 기회가 되기도 하지 않던가. 결국 도시라는 사막을 묵묵히 헤치고 나가는 이에게만 오아시스는 진정한 가치를 드러내는 듯 하다.

깍쟁이

　　어느덧 하늘에는 어둠이 드리웠지만, 신주쿠만큼은 어둠 따위는 가소롭다는 듯 휘황찬란한 네온불빛을 내뿜고 있었다. 금요일 저녁, 도시의 직장인들을 더 빠르게 해방시켜줄 전철이 철로를 달리는 동안, 그 철로 밑으로 좁게 난 지하보도는 우르릉쾅쾅 기차 지나가는 소리로 가득 찼다.

　　지하보도를 지나니 신주쿠 역전과는 사뭇 다른 분위기의 골목이 나타났다. 저녁 공기가 다소 서늘해진 가운데, 골목 양옆에 장식된 벚꽃과 불을 밝힌 제등들이 하늘하늘 흔들리는 것이 그 골목의 이름인 '思い出横丁(추억의 거리)'로 모두를 어떤 시절로 이끄는 회중시계과도 같았다.

일과를 마친 도쿄의 직장인들과 이 골목이 한껏 뿜어내는 분위기를 느끼려는 외국인 관광객들이 뒤섞인 좁은 골목은 사방의 가게 위 불판에서 구워지는 닭꼬치의 연기와 냄새로 가득했다. 냄새를 따라 시선을 돌리면 아주 작고 오래된 가게들에서 주인들이 쉴 새 없이 닭꼬치를 굽고 있는 모습이 보였다.

유독 입구 앞 제등과 노렌*의 색이 바랜 한 가게에 들어가 모퉁이 구석에 자리를 잡았다. 메뉴는 다양했지만 마스터가 입구에서 정성껏 구워내던 닭꼬치 몇 가닥이면 충분하다 싶었다. 청량한 생맥주 한 잔에 이 골목의 과거를 상상해보는 동안 왁자지껄한 가게 분위기 속에서 사람의 향기가 물씬 풍겨왔다.

다찌에 앉아 있던 외국인 두 명이 인사를 건넸다. 금세 그들과 대화를 시작한 C의 옆에서 나는 조용히 미소를 지으며 지켜보았다. 대화 속 웃음 뒤에 진심이 담겨 있는지, 무슨 생각을 하고 있는지는 알 수 없었다. 무엇을 말할지, 무엇을 물어볼지, 그리고 무엇을 말하지 않을지를 신중히 고르는 – 철저히 계산된 도시의 언어.

---

*노렌(暖簾): 일본의 가게나 건물의 출입구에 쳐놓는 발

머나먼 대도시 이스탄불에서 온 C는 매일 사람들로 북적이는 도시에서 많은 이들을 만나 그들을 치료하지만 정작 그들로부터 느껴지는 온정은 부족했던 걸까, 그날 처음 만난 사람들에게 유독 관심을 보이던 그였다. 오래 머물 수 없었던 그 가게에서 대화를 나누던 외국인들이 자리를 뜨자, C는 금방 재미를 잃었는지 또 다른 곳으로 이동하자고 했다.

타치노미*에는 양복 차림의 직장인들로 가득했다. 어둠이 드리우기 전에는 꽉 조였던 넥타이를 풀어헤치고, 양복 자켓은 고이 접어 바구니에 뉘인 채, 맥주 박스 서너 개를 대충 엎어 쌓은 좁은 테이블 위에서 잔을 부딪히고 있었다. 그렇게 드러난 새하얀 와이셔츠 위로 비로소 드러나는 봄밤의 진심. 몽롱한 도시의 밤과 생맥주 한 잔을 빌미 삼아, 상대에게 여과 없이 자신을 보여주던 도시의 사람들.

주방에서 피어오르던 연기는 여기저기 무르익던 따스한 속마음과 보슬보슬 내리던 봄비에 젖어 자욱한 안개가 되어 밤거리를 뒤덮었다. 안개 속 타치노미의 불빛은 마치 등대처럼 빛나며 하루 동안의 겉치레를 그제서야 내려놓은 사람들을 따뜻하게 감싸 안았다.

---

*타치노미(立ち飲み): 일본에서 의자 없이 서서 술과 간단한 음식을 즐기는 술집

그렇게 도착한 목적지 '골든가이'. 입구에 들어서자 좁은 골목 양옆으로 빼곡히 늘어선 작은 바들이 눈에 들어왔다. 바 내부는 무척 작았지만, 사람들의 웃음소리와 술잔 부딪치는 소리가 골목 전체를 가득 채우고 있었다.

좁은 바 안에서 서로의 어깨가 맞닿을 정도로 가까이 앉아있는 사람들 사이로 자리를 잡았다. 이미 자리를 잡은 사람들은 홀로 바에 앉아 술을 마시며 낯선 이방인들을 흘깃 쳐다봤지만, 바텐더만큼은 나긋하게 주문을 받고 네온사인처럼 화려한 빛깔의 칵테일 한 잔을 내놓었다.

칵테일을 마시며 C와 대화를 나누던 중 호기심이 생긴 바텐더가 말을 걸어왔고, 주변 사람들도 관심을 보이기 시작했다. 양복 차림의 멀끔한 신사부터 미국에서 온 나홀로 배낭여행자까지, 묻지 않은 이야기를 스스로 꺼내놓았다. 도시의 가면 속에 감춰둔 고독한 본심을, 이 밤이 지나면 다시 볼 수 없는 옆자리의 낯선 이에게라도 털어놓고 싶은 건 인간의 본능일지도.

♫ 亜蘭知子 (아란 토모코) – Midnight Pretenders

그날 밤 골목을 적시던 봄비는 따뜻한 봄의 곁을 쉬이 내주지 않고, 다시금 쌀쌀한 날들로 모두를 되돌리는 듯 했다. 따스했던 누군가의 진심은 봄밤을 타고 먼 밤하늘 허공으로 흩어지며, 이내 고독하기 짝이 없는 피트 향 진한 위스키 한 잔으로 비춰지는 것 같았다. 상냥하고 무난한 겉치레로 웃음을 지어야 할 내일이 또 오고 있다는 사실을 잊지 못한 채.

대길

아사쿠사 센소지에는 아침부터 인파가 북적였다. 사진으로만 보던 거대한 초롱이 정문 한가운데에 당당히 매달려 위용을 뽐내고 있었다. 문을 통과하기 전, 괜히 옷 매무새를 다듬고 마음을 차분히 가라앉혀본다.

정문을 지나 본당으로 이어지는 거리 양옆의 가게들은 아직 문을 열지 않은 시간이었지만, 거리는 본당을 향해 걸어가는 사람들로 이미 가득했다.

향 연기가 자욱한 본당 앞에서 많은 이들이 기도를 올리고 있었다. 피어오르는 연기에 몸을 맡기는 사람들도 보였다. 마음 속 깊이 자리한 번뇌를 태워내듯 두 손을 모아 감사를 표하고, 앞으로의 또 다른 안녕을 기원하던 그들.

그들의 의식은 조용히 주위로 퍼져, 멀찍이 지켜보던 서양인 한 명도 이내 그들을 따라 기도를 했다. 다소 순서와 자세는 어줍었지만, 정성과 마음만큼은 진심이었겠다. 그는 선글라스를 벗고 꽤 오랜 시간 기도를 올렸다.

나 역시 두 손을 모아 잠시 주변으로부터 단절된 채 혼자만의 시간을 가졌다. 세상을 밝힌 봄과 그 봄을 걷고 있는 우연에 대한 감사를 가득 담아서.

본당 옆 작은 연못에 유유히 헤엄치던 커다란 비단잉어들의 평화로움마저 봄녘을 따라 온 세상 사람들에게 슬며시 나눠 주고 싶던 작은 마음 – 그 소박한 마음씨야말로 이 복잡한 도시에서는 무척 귀하고 소중한 것.

♫ あたらよ - 憂い桜 (아타라요 – 근심 벚꽃)

그 마음 그대로 사당 한 켠에 자리한 오미쿠지에서 100엔을 넣고 점괘를 뽑았다. 묵직한 철통 안에서 서로 다른 번호가 쓰인 100개의 막대들이 달그락달그락 치열하게 서로의 자리를 바꿨다. 철통을 흔드는 두 손에는 긴장감이 맴돌았다. 누군가의 앞날이 100가지 중 하나로 담백하게 정리될 수 없다는 걸 알면서도, 따뜻했던 그 봄날처럼 밝은 미래를 바라게 되는 것은 인간이기에 어쩔 수 없는 욕심. 작은 구멍으로 막대 하나가 조심스럽게 뽑혔다.

막대에 쓰인 숫자는 90. 1부터 100까지 빼곡히 자리한 서랍 중 90번 서랍을 열었다. 서랍 안에는 붓으로 흘린 듯한 글씨가 가득했다. 종이에 깜지처럼 빼곡히 적힌 점괘가 궁금해졌다. 한 글자씩 더듬어 읽어 내려가던 중 눈에 띈 두 글자 - "大吉". 그건 묵직한 하늘의 예언보다는 그저 지금처럼 살아가도 괜찮다는 다정한 위로 한 마디였다.

그럼에도 집문서를 다루듯 그 점괘를 고이 접어 여행 내내 지갑에 꼭 간직하던 나 역시, 한낱 인간일 뿐이었다.

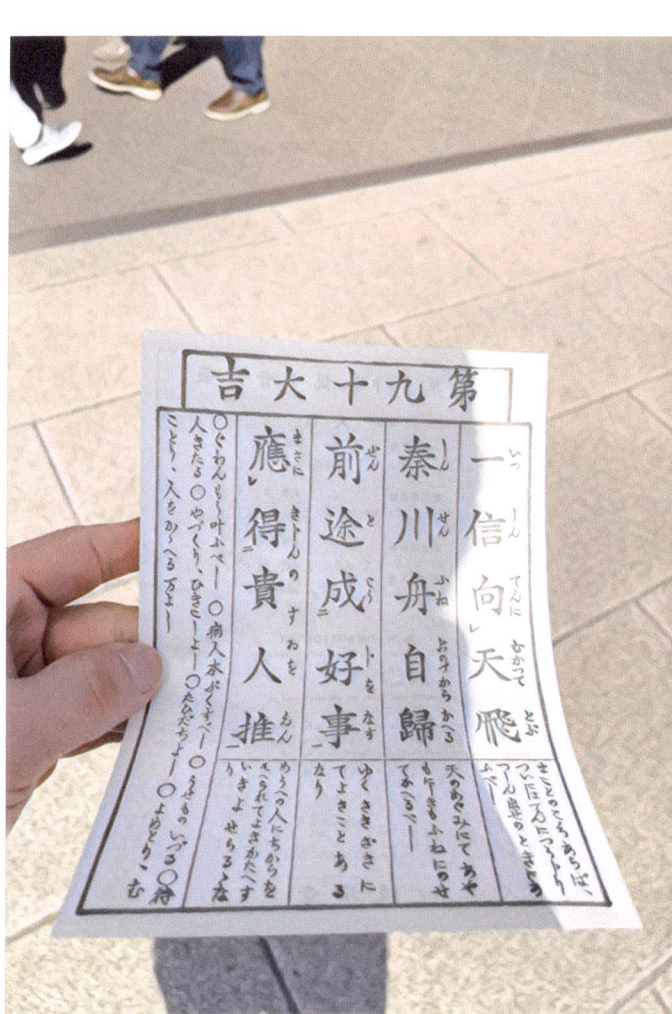

벚꽃축제

그 날은 신주쿠공원에서 벚꽃 야경 축제가 열리는 날이었다. 축제 포스터에 그려진 벚꽃빛 신주쿠 공원의 야경이 무척이나 고혹적이었다. 역시 대도시는 아름다운 것들을 결코 어둠 속에 묻혀두지 않았다. 낮이 저물고 밤이 되어도 짧게 일주일 남짓 만개할 벚꽃을 환히 비추며 모두를 끌어모으는 것을 보니.

길게 늘어선 줄을 따라 공원 안으로 발걸음을 옮겼다. 공원 입구에서는 저마다 보라색, 분홍색, 연분홍, 하얀색 – 형형색색의 등불을 하나씩 들고 일렬로 행진하는 모습이 축제라기보다는 어떤 의례를 연상케 했다.

공원의 드넓은 잔디밭을 배경으로 우뚝 선 벚꽃나무들은 스포트라이트를 받으며 제 모습을 뽐냈다. 그 주위로 저마다 들고 있던 등불들은 어두운 잔디밭 위에서 은은하게 빛나고 있었고, 그 풍경은 하나의 작은 우주와도 같았다.

　　　잠잠할 일이 없는 도시의 밤에서 하늘의 수많은 별 중 무엇 하나를 보기란 쉽지 않기에, 이 고요한 밤의 공원에서 도시인들은 잔디밭에 앉아 저마다 가져온 작고 밝은 등불들과 한껏 꾸며진 공원에 황홀경을 느끼고 있는 듯 했다. 등불은 어둠 속에서 살랑살랑 흔들리며 자취를 남겼고 벚꽃나무를 비추던 조명은 서서히 색을 바꾸었다.

　　　며칠 뒤면 떨어질 벚꽃이지만 사람들은 그것과의 작별을 앞두고 이토록 정성을 다한다. 영원하지는 않지만 찰나의 아름다움을 기리며, 벚꽃잎이 떨어진 그 자리에서 다음 벚꽃과 다시 만나기를 염원한다. 삶도 벚꽃과 다르지 않아 짧은 만남 후 긴 이별의 연속이건만, 우리는 과연 벚꽃처럼 누군가를 순수하고 열렬히 찬미한 적이 있던가.

　　♬ 森山直太朗 - さくら (모리야마 나오타로 – 벚꽃)

때마침 벚꽃나무 군락 속에서 하얀 웨딩드레스를 입고 작은 부케를 든 여자와 멀끔한 정장을 입은 남자가 사진을 찍고 있었다. 가장 아름다운 시절에 서로를 가장 밝혀줄 수 있는 마음과 자세로, 소멸하는 벚꽃 아래에서 불멸한 사랑을 기약한다.

　　그러나 사랑 또한 벚꽃처럼 언젠가 흩날릴 운명을 피할 수 없는 법. 벚꽃처럼 짧고 덧없기에 더욱 아름답고 소중한 것. 불어오는 봄밤의 찬바람에 벚꽃은 온데간데 사라지겠지만, 야간 조명에 비친 벚꽃보다 더 찬란히 빛나던 그들의 눈빛과 미소는 오래도록 기억되리라.

　　손에 들고 있던 등불마저 제 명을 다해 희미해져 가지만, 저편에서 어른거리는 또 다른 밝은 등불들이 이 곳을 이어 밝히기 마련이었다. 벚꽃잎이 내리던 도시의 그 밤, 서로 이어진 손끝에서 발한 빛들의 파도가 일렁였다.

　　비록 삶과의 짧은 만남이라 해도 아쉬움과 슬픔보다는 따스함과 기쁨으로 가득 찬 순간으로. 서로가 만나 새끼손가락을 걸어 하나가 되는 축제로.

천천히 공원을 한 바퀴 돌아 나가는 길목에 유독 키가 큰 벚꽃나무 두 그루 사이로 저 멀리 첨탑 하나가 보였다. 첨탑 꼭대기의 빛도 벚꽃의 색을 닮아 저 높은 곳에서 도시 전체를 벚꽃 축제로 물들이고 있었다.

짧은 삶의 매 순간도 이처럼 아름다움을 찬미하는 축제와 같고 서로가 느슨하게 이어질 수 있다면야. 곁을 스쳐 가는 봄이 속삭인다 – 서로 고리가 만들어질 수 있는 건 따스한 봄이 지나가고 있는 바로 지금이라고.

페이스

　여행의 마지막 날. 공항으로 출발하기 전 숙소 근처 우에노 공원 안에 있는 커다란 시노바즈 연못을 가볍게 한 바퀴 뛰었다. 일요일 이른 아침에 거리는 비교적 한산했고 대부분의 상점도 아직 문을 열지 않았다.

　며칠 사이 도쿄의 아침은 더 이르게 다가왔고 봄은 한층 더 선명해진 듯 했다. 맑은 하늘 아래 전철이 빠르게 지나가고 평온해진 거리 위로는 신호등에서 들려오는 뻐꾸기 소리만이 울려 퍼졌다.

공원 입구에서 기지개를 펴며 밤새 움츠려든 몸을 풀었다. 두 눈을 질끈 감고 끙-하는 소리와 함께 깍지 낀 손을 높이 올려 좌우로 힘껏 비틀어 허리를 펴보았다. 몸속 근육 하나하나를 깨우며 호흡을 골랐다. 닷새 동안 부지런히 걸었던 탓에 종아리는 잔뜩 지쳐 있었지만 운동화를 고쳐 매며 따스한 날씨에 조금 더 힘을 내보자고 스스로를 달랬다.

산책로의 시작점부터 발걸음의 템포를 조금씩 높여 뛰기 시작했다. 구름 한 점 없는 파란 하늘 아래 연못 수면 위로 반짝이던 윤슬은 너무도 눈부셔 짙은 선글라스 렌즈 너머 두 눈을 간지럽혔다.

연못 주변의 트랙에는 몇몇 사람들이 조깅을 하고 있었다. 전력을 다해 빠르게 뛰는 사람도, 걷다시피 느리게 뛰는 사람도, 속도는 모두 제각각이었다. 오늘 나의 목표는 적당한 속도로 세 바퀴를 완주하는 것. 조깅을 하며 이 도시를 떠날 마음의 채비를 해보기로.

♫ 米津玄師 - さよーならまたいつか！
(요네즈 켄시 – 안녕, 또 언젠가!)

매번 하는 조깅이지만, 그 때마다 조금씩 달라지는 최적의 페이스. 그 날의 너무 빠르지도, 너무 느리지도 않은 적정한 속도와 보폭은 그것이 나의 것임에도 불구하고 언제나 미지의 영역에 있다.

　　　나를 앞질러 빠르게 달리는 다른 사람을 보며 갑자기 페이스가 빨라질 때마다 애써 호흡을 가다듬었다. 두 번째 바퀴쯤에서야 비로소 안정감을 찾은 페이스. 눈부시고 흐릿하기만 했던 처음과 달리 연못 주변의 나무들, 아침 햇살에 반짝이는 물결, 그리고 공원을 걷는 사람들이 선명하게 보이기 시작했다.

　　　이제 페이스를 찾았나 싶었지만 마지막 바퀴가 시작되며 숨은 조금씩 차올랐다. 도착점은 아직 한참 남았는데 땀에 흠뻑 적셔진 셔츠에 차츰 걸음이 무거워졌다. 처음엔 따스하게 느껴졌던 봄햇살이 점차 덥게 느껴질 무렵, 역시나 해내고 말았다 - 세 바퀴 완주. 장미만큼이나 크고 붉었던 홍벚꽃 아래 벤치에 앉아 헉헉대는 숨을 고르며 잠시 쉬었다. 그리고 뇌리를 스친 잔뜩 격양된 생각 - 무엇이든 해낼 수 있겠다는 압도적 승리감.

아직 추위가 가시지 않았던 이른 봄에서 화창한 햇살 아래 사방팔방 꽃들이 만개한 봄의 한가운데까지, 도시의 꺼지지 않는 화려한 밤부터 평화로운 아침까지 – 저마다 다른 삶들이 서로 다른 온도와 속도로 만나 서사를 써 내려간다.

이마에 송글송글 맺힌 땀이 천천히 식어가며 그렇게 도쿄 여행도 끝을 맺었다. 때로는 빠르게, 때로는 천천히 흐르는 도시의 시간 속에서 탐색해 본 나의 페이스.

다시 돌아온 서울의 그 해 봄이 유독 더 포근하게 느껴졌던 건, 문득 코 끝에 스치던 연홍빛 도쿄의 봄내음 탓이던 것만 같다.

열흘 붉은 꽃은 없다지만,

이 봄에 스스로 먼저 지기를 택한 적 없으니.

봄도시

초판 1쇄 인쇄일 2025년 3월 3일

초판 1쇄 발행일 2025년 3월 3일

지은이	Simon
표지디자인	orozi
펴낸곳	와비사비
출판등록	2018년 9월 5일
ISBN	979-11-965012-4-2

*이 책의 판권은 지은이 및 출판사에 있습니다. 이 책의 내용을 재사용하려면 양측의 서면 동의를 받아야 합니다.

*'와비사비'는 완벽하지 않은 것들을 귀하게 여기는 삶의 방식을 일컫는 일본의 철학입니다. 화려하진 않지만 수더분한 일상 속에서 삶의 가치를 깨닫고 공유해갑니다.